직지와 외규장각 의궤의 어머니
박병선

이 이야기는 박병선 박사와의 인터뷰 내용을 바탕으로 쓰였습니다.

직지와 외규장각 의궤의 어머니

박병선

1판 1쇄 인쇄 2012년 1월 6일 | **1판 10쇄 발행** 2024년 7월 1일

기획 김진희 | **글** 공지희 | **그림** 김지안 | **편집·진행** 오승현 | **디자인** 나비
펴낸이 이희원 | **펴낸곳** 글로연 | **출판등록** 2004년 8월 23일 제 313-2004-196호
주소 서울특별시 마포구 양화로 133, 1307호
전화 070-8690-8558 | **팩스** 070-4850-8338 | **전자우편** gloyeon@naver.com
홈페이지 www.gloyeon.com

ISBN 978-89-92704-34-2 73900

사용연령 8세 이상

⚠ 책의 모서리가 날카로워 다칠 수 있으니 주의하세요.

이 책은 저작권법에 따라 보호받는 저작물이므로 무단전재와 복제를 금하며,
내용 전부 또는 일부를 이용하려면 반드시 저작권자와 출판사의 동의를 받아야 합니다.

직지와 외규장각 의궤의 어머니

박병선

공지희 글
김지안 그림

글로연

추천의 글
"내 삶의 이야기가 작은 불씨가 되길"

나는 멀리 이곳 프랑스에 살고 있지만, 내 조국 대한민국의 미래인 어린이 여러분에게 깊은 사랑과 관심을 갖고 있습니다. 그리고 늘 여러분이 행복하기를 진심으로 바라고 있습니다.

그렇지만 혹여나 수많은 과외 활동과 촘촘히 짜여진 바쁜 일상으로 인해 여러분 안에 따뜻한 꿈과 희망보다 차가운 지식만 채워지는 것은 아닌지 염려가 들기도 합니다.

나는 여러분이 언제나 밝고 건강하길 바라며 늘 사랑이 가득한 마음을 지닌 사람으로 성장하길 바랍니다. 더불어 나는 여러분이 한국의 문화와 역사를 바르게 익히고, 많은 관심과 사랑으로 지키고 가꿔주길 바랍니다.

한국의 역사를 돌이켜보면 매우 안타까운 순간이 많이 있었습니다.

특히 우리의 역사가 고스란히 담긴 문화유산들이 전쟁으로 인해 불타버린 일이나 다른 나라의 병사들이 우리나라의 혼이라고 할 수 있는 서책과 유물들을 약탈해간 일 등은 참으로 가슴 아픈 일입니다.

나는 한국보다 프랑스에서 더 오래 살았습니다. 그 덕분에 프랑스에 있는 한국의 고서들과 귀한 자료들을 발견하고 연구할 수 있었습니다. 한국인의 한 사람으로서 내 나라의 역사를 바로 알고 우리 민족의 우수성을 깨닫게 될 때의 그

즐거움과 뿌듯함은 늘 나에게 새로운 힘을 주었습니다. 또한 이 곳 프랑스에서 직지심체요절을 고증하고 어두운 창고 안 먼지 속에 묻혀 있던 외규장각 의궤를 다시 찾았을 때, 나는 무한한 감동과 감사함으로 벅차오르는 마음을 누를 길이 없었습니다.

이것은 한순간에 이루어진 일이 아니었습니다. 오랜 시간 동안 수많은 어려움을 겪으며 묵묵히 내 길을 걸어왔기에 가능했던 것입니다.

여러분들도 크고 작은 꿈이 있을 것입니다. 그리고 그 꿈을 이루고 싶을 것입니다. 그 꿈을 그리며 한 발자국씩 앞으로 나아갈 때 생각하지 못했던 어려움과 난관이 여러분 앞에 있을 수 있습니다. 그러나 포기하지 않고 계속해서 노력한다면 여러분은 끝내 그 꿈을 이룰 수 있을 것입니다.

앞으로 여러분은 이 책을 통해 내가 어떻게 꿈을 키웠으며, 그 꿈을 이루기 위해 어떠한 삶을 살았는지 보게 될 것입니다. 내 삶의 이야기가 여러분에게 용기를 줄 수 있는 작은 불씨가 되길 소망합니다.

마지막으로 이 책을 쓰기 위해 이곳 프랑스까지 직접 찾아와 준 공지희 작가와 정성껏 편집해 출판한 출판사 글로연에 고마운 마음을 전합니다.

2011년 10월 박병선

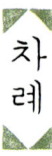

차례

추천의 글
내 삶의 이야기가 작은 불씨가 되길   4

0 무슨 책인가를 찾고 또 찾다   8

1 책벌레 병선   10

2 프랑스로 유학을 떠나다   20

3 프랑스국립도서관 연구원이 되다   33

4 『직지』를 만나다   40

5 『직지』는 어떤 책일까?   48

6 『직지』는 세계에서 가장 오래된
　　　금속활자 인쇄본임을 증명하다   57

7 세계를 놀라게 하다   64

8 드디어 외규장각 의궤를 찾다 76

9 프랑스는 외규장각 의궤를 한국에 돌려주어야 한다 90

10 프랑스국립도서관 직원의 자리를 잃다 106

11 외규장각 의궤를 열람할 수 없다니 111

12 파란 책 속에 묻힌 여성 119

13 십 년을 하루같이 130

14 지금 죽을 수 없어요 143

15 외규장각 의궤, 한국으로 돌아오다 149

16 위대한 애국자, 긴 여행을 떠나다 158

박병선 박사가 걸어온 길 164

○ 무슨 책인가를 찾고 또 찾다

프랑스 파리 리슐리외 거리, 프랑스국립도서관.

정문 안의 마당 왼쪽 동양원서부.

중년의 한국 여성 한 사람이 오래된 책들이 빼곡하게 꽂힌 서가에서 무슨 책인가를 찾고 있다. 오래된 책 위에 있던 묵은 먼지가 날아 그녀의 몸 위로 풀풀 내려앉았다.

"이 책도 아니고······."

책을 뺐다가 다시 꽂고, 또 다른 책을 빼냈다가는 다시 꽂았다.

서가에 기대 선 여성은 잠시 그대로 알록달록한 색 유리창 밖을 내다보았다.

깡마른 손끝이 조금 떨려왔다. 지치고 초조한 낯빛이다. 꾹 다물었던 입술 사이로 가느다란 한숨이 흘러나왔다. 다시 입술을 앙 다물고 다리에 힘을 주며, 맑고 의연한 눈빛으로 책들을 하나씩 바라보기 시작했다. 창밖에 어둠이 내리고 도서관 주변이 조용해지는 밤이 될 때까지 그렇게 계속 책들을 뒤졌다.

'내일은 찾게 될지도 몰라.'

원하는 책을 찾지 못한 채 도서관을 나온 여성은 어둠이 깔린 리슐리외 거리를 천천히 걸었다. 도서관의 견고한 담벼락을 나란히 하며, 건물 숲 사이로 난 돌길 위를 천천히 걸었다.

길가 식당 안에서 한 가족이 둘러 앉아 식사를 하고 있다. 아이에게 음식을 먹이는 엄마의 따스한 손길, 부드러운 웃음을 머금은 채 아이들에게 무슨 이야기인가 들려주고 있는 아버지의 모습이 보였다. 아이의 맑은 웃음소리가 바깥으로 새어나왔다.

그 모습을 보자 부모님과 가족들 얼굴이 떠올랐다.

'한국을 떠나온 지가 언제였더라……'

조국이 있는 동쪽 밤하늘을 한참 동안 올려다본다.

이 여성은 박병선이다.

1 책벌레 병선

박병선은 1923년 3월 25일, 서울 중심가의 부유한 가톨릭 가정에서 태어났다. 3녀 2남 중에서 셋째로 태어나 위로 언니와 오빠, 아래로 남동생과 여동생이 있었다.

부모님은 매우 검소했다. 아버지는 쌀 한 톨도 낭비하는 것을 용납하지 않았다. 어머니는 무엇이든 아껴 쓰고 소중하게 여기며 이웃이나 어려운 사람들을 보살폈다. 그리고 좋은 선물이 들어오면 직접 쓰지 않고 두었다가 더 필요한 사람에게 나눠주는 마음 따뜻한 분이었다.

"배고픈 사람이 오면 모른 척 보내지 말고 한 끼라도 정성껏 대접해 보내라."

병선의 부모님은 집안 일꾼들에게 늘 그렇게 말했다.

부엌의 커다란 솥에는 언제나 국이 가득 끓고 있었다. 배가 고픈 사람들을 위해 차려 주는 밥상을 따로 만들어 놓고, 언제든지 밥과 국을 푸짐하게 대접하곤 했다. 병선이 학교에 갔다 돌아오면 마루나 사랑채에 낯모르는 사람들이 앉아 밥을 먹고 있는 때가 많았다.

병선은 그런 부모님의 검소함과 남을 대접하는 모습을 늘 눈으로 보면서 자라났다.

병선은 외모를 꾸미거나 옷차림새에 신경을 쓰는 데는 취미가 없었다. 그저 들로 산으로 뛰어다니며 노는 것을 좋아하는 활동적인 아이였다. 그러나 병선은 몸이 약하고 병차레도 많이 하여 부모님은 언제나 다른 자식들보다 병선에게 마음을 더 썼다.

몸이 자주 아파서 친구들과 맘껏 뛰놀지 못 할 때는 자연스레 혼자 있는 시간이 많았다.

병선은 하늘의 구름을 보는 것을 좋아했다.

"아기 양아, 얼른 도망가. 늑대가 뒤에서 쫓아오잖아. 그렇지, 어서 빨리."

선생님은 뛰놀지 않고 혼자 하늘을 보며 웃고 노는 병선이에게 다가와서 물었다.

"병선이 뭐하니?"

"선생님, 저기 하늘에 구름 좀 보세요. 아기 양이 하늘을 날고 있어요."

"그러네? 정말 아기 양 같네? 병선이는 참 상상력이 뛰어나구나."

"저 아기 양은 제 친구예요. 어제도 그저께도 나랑 놀았거든요."

다른 아이들이 들로 산으로 막 뛰어다닐 때, 병선은 집에 앉아서 혼자만의 상상놀이를 즐겨 했다.

한참 거울을 보던 병선은, 친척 어른이 농담으로 한 말이 떠올랐다.

"병선아, 오라비나 언니 동생들은 다 잘생기고 예쁜데 너만 왜 그리 못생겼는지 아니? 하하. 너는 주워 온 애라서 그래."

거울을 들여다보며 병선은 무척 슬픈 목소리로 중얼거렸다.

"난, 정말 주워 온 아이인가?"

거울 속 단발머리 아이가 당차게 대답했다.

"그렇다면 네 진짜 엄마 아버지를 찾아야지."

집 바깥채를 돌아 외양간으로 들어가 푹신한 지푸라기 위에 누우면 코끝으로 들어오는 마른 풀 냄새가 참 좋았다. 외양간 밖 하늘을 보니, 날개옷을 입은 선녀가 와서 병선을 보며 웃고 있다.

"어? 오늘 또 왔네요? 선녀님, 제 말 좀 들어보세요. 이건, 다른 애들이 모르는 비밀인데요. 사실, 우리 엄마 아버지는 내 진짜 엄마 진짜 아버지가 아니거든요. 난 주워 온 아이래요."

창밖의 선녀가 조금 가까이 다가와 귀를 기울였다. 병선은 눈물을 글썽거리며 하소연을 했다.

"선녀님은 아시죠? 내 진짜 엄마 아버지가 어디 계신지요. 아시면 좀 일러 주세요."

선녀는 외양간에 누운 병선에게 날개옷을 던져 주었다.

"이 옷을 입고 하늘을 날면, 내 진짜 엄마 아버지를 찾을 수 있을까요?"

병선은 날개옷을 입고 선녀를 따라 하늘로 훨훨 날아올라갔다. 하늘로 날아오르자, 신이 난 병선은 진짜 엄마 아버지를 찾을 생각을 까마득히 잊어버렸다.

커다란 집이 손바닥만큼 작게 보이고 마을이 어슴푸레 보일 때까지 날아올랐다. 멀리 높은 산이 보이고 강물 줄기가 가느다랗게 그림을 그리며 푸른 바다로 흘러가고 있다.

하늘을 한참 날아다니던 병선은, "음머!" 하는 소 울음소리에 깜짝 놀라 외양간 짚더미에서 벌떡 일어났다. 병선은 소 등을 쓸어 주고는 외양간을 나왔다.

"아! 정말 신나는 여행이었어. 날개옷이 진짜로 있다면 얼마나 좋을까? 훨훨 날아가고 싶은 곳을 얼마든지 갈 수 있을 텐데. 언젠가 날개옷을 입고 날고 날아서 지구 저 반대편에도 가고, 여기저기 실컷 가 볼 거야."

병선의 별명은 '책벌레'였다.

학교에 갔다 오면, 가방을 놓기가 무섭게 동네에서 조금 떨어진 책방으로 달려갔다. 책방 한 구석에 병선이가 꼭 앉는 자리가 있었다. 책을 한 권 뽑아 들고 그 자리에 앉으면 해가 가는 줄 모르고 책 속으로 빠져들어 갔다. 무슨 책이든 가리지 않고 다 읽었다.

책방 아저씨는 책방에 자주 찾아오는 조그만 단골손님을 언제나 반겨 주었다. 늘 구석에 쪼그리고 앉아 책 속에 빠져든 단발머리 소녀의 모습을 흐뭇하게 바라보며 책을 사 가지 않아도 병선을 참 많이 예뻐했다. 병선도 그 아저씨가 늘 고마웠다.

몸이 아플 때는 집에 누워 있느라 책방에 갈 수 없었지만, 책을 읽을 시간은 더 많았다. 몸이 아파도 책을 찾았다. 그래서 병선의 머리맡에는 늘 책이 한 보따리 쌓여 있었다. 병선은 책이라면 보고 또 봐도 자꾸만 읽고 싶었다.

어느 날, 학교 작문 시간이었다.
병선은 '내 진짜 부모님은 어디 계실까?' 하는 주제로 글을 써 냈다. 담임선생님은 병선의 글을 보고 깜짝 놀라 어머니에게 말했다.
"병선이가 자기를 주워 온 애라고 생각하고 있어요. 자기 친부모님이 어디에 계신지 꼭 찾아보고 싶다는 글을 써냈답니다."
어머니는 놀라서 병선을 붙잡고 말했다.
"병선아, 너는 주워 온 애가 아니야. 내가 너를 낳았어. 다른 사람이 너를 놀리느라 그렇게 말한 거야."
"참말이에요?"
"그럼. 참말로 내 뱃속에 너를 열 달 동안 데리고 있다가 낳았단다."

어머니는 병선이를 가만히 끌어안고 말했다.

"이 세상에서 가장 예쁘고 사랑스러운 내 딸아. 엄마가 너를 얼마나 사랑하는지 그렇게 모르겠니?"

병선은 가만히 어머니의 눈을 올려다보았다. 어머니의 눈을 보니 거짓말이 아니란 것을 분명히 알 것만 같았다. 병선은 그동안 다른 친부모님을 찾았던 것을 생각하니 무척이나 미안해서 어머니 품에 한참 동안 얼굴을 파묻고 고개를 들지 못했다.

긴 겨울이 가고 봄 여름이 왔다.

"언니, 오디랑 머루랑 따먹으러 가자."

언니랑 동생이랑 산으로 들로 뛰어다니며 산딸기를 찾고 꽃 구경하는 재미에 시간가는 줄 몰랐다. 작은 들꽃들이 좋아서 한참 동안 그 앞에 앉아 구경했다.

"아, 예쁘다. 부추 꽃이네. 요건 토끼풀 꽃이다. 반지 만들어서 엄마 갖다 드려야지."

집 앞 담벼락 아래, 조그맣게 피어 있는 물망초 꽃이 병선의 발걸음을 붙잡았다.

병선이 얼굴을 들이밀고 한참 동안 바라보는데 그 꽃이 말하는 것 같았다.

"나를 잊지 말아 주세요."

병선은 물망초 꽃이 사랑스럽고 예뻐서 온 나절 동안 들여다보고 또 들여다보았다.

2 프랑스로 유학을 떠나다

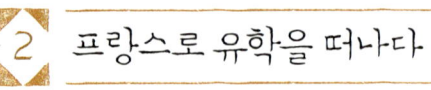

병선은 늘 몸이 약하고 자주 아파서 부모님 걱정을 많이 시켰지만, 꿋꿋하게 자라 어느새 어엿한 대학생이 되었다.

역사에 관심이 많은 병선은 서울대학교 사범대학에 진학하여 역사학을 공부했다. 공부를 하던 중에 한국전쟁이 나자 부산으로 피난하여 학업을 계속했다. 그러던 중 병선은 뇌막염을 크게 앓게 되었다.

부모님은 자리에 누워 앓는 딸 때문에 깊은 시름에 잠겨 눈물만 흘렸다. 병선은 아파서 괴로운 상황에서도 오히려 부모님을 위로했다.

"어머니 아버지, 걱정 마세요. 저 죽지 않을 거예요. 하고 싶은 일이 얼마나 많은데요. 얼른 일어나서 더 열심히 공부도 하고 넓은 세상에 나가 훌륭한 일도 할 거예요."

병으로 오랜 동안 자리에 누워 있던 병선은 어느 날 밤, 꿈을 꾸었다.

하얀 옷을 입은 성모마리아가 나타나 손짓을 했다.
"병선아, 이리 오렴."
병선은 맑은 물을 건너 성모마리아 앞으로 갔다.
성모마리아가 병선에게 물었다.
"꼭 낫고 싶니?"
"네."
성모마리아가 병선의 머리를 천천히 쓰다듬어주었다.
성모마리아의 부드러운 손길이 닿자

머리가 맑아지는 것 같았다. 그 기운이 정수리를 통해 온 몸으로 퍼지는 듯했다.

 꿈에서 깨자 병선은 자리에서 벌떡 일어나 앉았다. 그렇게 움직이기도 힘들었던 몸이 말할 수 없이 가벼워져 날아갈 것만 같았다. 병선은 옆에 누워 잠이 든 언니를 불러 깨웠다.
 "언니, 배고파. 밥 줘."
 부스스 눈을 뜬 언니는 깜짝 놀랐다. 아파서 죽도 제대로 못 먹던 동생이 갑자기 자리에서 일어나 밥을 달라고 하니 덜컥 겁이 났다. 언니가 밥을 갖다 주자 병선은 언제 아팠냐는 듯이 밥 한 그릇을 뚝딱 먹어치웠다. 언니는 그런 병선을 눈으로 분명히 보면서도 믿기가 어려웠다.
 기운을 차린 병선은 놀란 언니에게 꿈속에서 성모마리아를 만나고 온 이야기를 들려 주었다. 그제야 언니는 동생을 얼싸안고 감격스러워 눈물을 흘렸다.
 "내 동생 병선아, 너에게 기적이 일어난 거야."
 부모님은 기적으로 살아난 병선의 목숨을, 두고두고 하느님께 감사해 했다.

"이렇게 우리 딸을 살려 주신 것을 보니, 하느님이 우리 병선에게 무슨 큰일을 맡기실 모양이야."

이후, 병선은 남은 공부를 무사히 마치고 대학을 졸업하게 되었다.

부모님은 딸이 평범하게 살기를 바랐다.

"이제 훌륭한 선생도 되고, 결혼도 해야지?"

병선은 가슴에 품었던 생각을 부모님께 간곡하게 털어놓았다.

"프랑스에 가서 공부를 더 하고 싶어요."

병선은 명동성당에서 성가대 활동을 하며 자연스럽게 유럽의 문화나 교육에 대해 관심을 키워 왔고, 프랑스나 벨기에에 가서 더 공부해 보고 싶다는 생각을 일찍부터 해 왔던 터였다.

부모님은 남달리 학문에 열정을 보이는 병선이 공부를 더 해서 훌륭한 학자가 되는 길이 잘 맞을 거라고 생각했다. 하지만 몸이 약한 딸이 멀리 다른 나라에 가서 혼자 잘 해낼 수 있을지가 가장 큰 걱정이었다.

"걱정 마세요. 저는 잘 할 수 있어요. 선진국의 교육에 대해서 배운 뒤, 한국에 꼭 필요한 훌륭한 교육자가 되어 돌아올게요."

병선의 굳은 의지를 본 부모님은 유학을 허락했다.

"그래, 몇 번이나 죽을 고비를 넘기고 다시 태어난 내 딸아. 그렇게 귀한 목숨을 얻었으니 네 꿈을 크고 자유롭게 펼쳐 보거라."

1955년에 병선은 프랑스로 유학을 떠나게 되었다.

병선은 떠나기 전에 대학 스승인 이병도 선생을 찾아갔다. 스승은 유학길을 떠나는 제자를 자랑스럽게 바라보았다.

"병선아, 프랑스에 가거든 네가 꼭 해야 할 일이 있을 것 같다."

"제가 할 일이요?"

"병인양요를 기억하지?"

"네, 1866년에 프랑스가 우리나라를 침략한 사건이죠."

"그때 당시 강화도 외규장각에서 프랑스에 뺏긴 우리 유산들

중에 의궤가 있었어."

스승은 비장한 얼굴로 병선의 손을 잡았다.

"병선아, 우리가 빼앗긴 유산들을 찾아야 하지 않겠니?"

"네, 그래야지요."

"네가 프랑스에 가서 공부를 하게 됐으니, 병인양요 때 뺏긴 외규장각 의궤를 꼭 찾아봐라."

병선은 깜짝 놀랐다.

"그걸 제가 찾을 수 있을까요?"

"물론, 할 수 있지. 넌 우리나라의 역사학도야. 꼭 찾아야 해."

병선은 스승의 두 손을 꽉, 힘주어 잡고 대답했다.

"네, 알았습니다. 선생님."

병선은 스승의 말씀을 가슴에 꼭 담고 프랑스 유학길에 올랐다.

그 당시에는 한국에서 프랑스로 직접 가는 방법이 없었던 터라, 먼저 군용 비행기를 타고 일본으로 건너가 일본에서 프랑스로 가는 비행기를 타야 했다.

박병선을 태운 파리 행 비행기가 날아올랐다. 비행기에서 창

밖을 내다보았다. 아래로 까마득한 바다며 땅들이 보였다.

"우리나라는 저쪽인 것 같은데……, 저 아래쯤이 내가 살던 땅일 거야."

아득한 아래에 푸른 산과 실오라기 같은 강물이 흐르고 오밀조밀 집들이 모인 마을이 보였다. 부모님과 가족들의 얼굴이 떠올랐다.

비행기 아래로 뭉게구름이 솜이불처럼 깔려 있다. 엄마의 품처럼 안기고 싶은 포근한 구름이다. 어릴 적 선녀를 따라 날개옷을 입고 하늘을 날아다니던 꿈이 기억났다.

'내가 정말로 하늘을 날고 있는 거야?'

박병선은 가슴을 펴고 큰 숨을 들이마셨다. 비행기를 처음 탔지만 조금도 무섭지 않았다. 오히려, 새로운 세계에 대한 기대와 설레는 마음으로 피곤한 줄도 모르고 즐겁기만 했다.

'넓은 세상에서 열심히 공부해 보는 거야. 난 뭐든지 잘 할 각오가 돼 있어.'

박병선을 태운 비행기는 2박 3일 만에 프랑스 파리에 도착했다.

공항을 나서는 순간 박병선은 마음을 가다듬었다. 낯선 풍경,

낯선 얼굴, 낯선 냄새가 박병선을 둘러쌌다. 가슴이 마구 뛰기 시작했다. 설렘과 호기심과 두려움……, 복잡한 감정들이 한꺼번에 몰려왔다.

박병선은 한참이나 그 자리에 서서 크게 숨을 들이켰다 내쉬었다. 그리고 가슴을 쭉 펴고 눈앞에 펼쳐진 새로운 세계 프랑스 땅으로 또박또박 걸어 들어갔다.

프랑스 유학생이 된 박병선에게 또 다른 삶이 막 열리고 있었다.

박병선은 프랑스 도착 1년 뒤, 벨기에의 루벵대학으로 가서 동양사학을 공부했다. 그리고는 다시 프랑스로 돌아와 파리 7대학에서 석사과정과 박사과정을 연이어 공부했다.

박병선은 학문연구에 남다른 열정을 보이며 역사학, 종교학, 민속학, 교육학 등 여러 가지 과목을 두루 넓게 공부하며, 하면 할수록 흥미롭고 새로운 학문의 세계에 푹 빠져들어 행복한 젊은 시절을 보냈다.

어릴 적부터 책벌레였던 박병선은 틈만 나면 도서관에 가서 책에 파묻혀 살다시피 했다. 도서관 사람들은 박병선을 '무척 공부를 열심히 하는 한국 유학생'으로 눈여겨 보게 되었다.

 학문을 탐구하는 와중에도 박병선은 꼭 한 가지를 잊지 않고 있었다. 이병도 스승이 한 당부의 말이었다.
 "외규장각 의궤를 찾아라."
 박병선은 틈이 나는 대로 외규장각 의궤를 찾아 프랑스 곳곳의 도서관을 찾아 책들을 뒤졌다. 아니, 틈이 나지 않아도 일부러 시간을 내서 찾기도 했다. 여유가 있을 때나 없을 때나, 늘 그 책을 찾아야 한다는 생각이 가득했다. 어떤 때는 책을 찾는 일에 몰두하느라 수업을 놓치기도 했다.

 쉬지 않고 열심히 공부를 해서 박사 논문을 마무리 할 즈음, 박병선은 인생의 한 시기를 되돌아보는 중요한 때를 맞이했다.
 '공부를 계속 더 할 것인가. 아니면, 다른 일을 할 것인가.'
 박병선은 수녀원에서 한 달 동안 머물며 생각을 정리하기로 했다. 박병선은 수녀원 원장수녀에게 조심스럽게 자기 생각을 털어놓았다.

"저, 수녀가 되고 싶어요."

독실한 가톨릭 신자인 박병선의 마음 한 편에는 늘 수녀원 생활에 대한 동경이 있었다.

원장수녀는 따뜻하게 웃으며 말했다.

"머무는 동안 천천히 생각해 보세요. 수녀원을 나가기 전에 다시 얘기해 보는 게 좋겠네요."

한 달이 지나고 수녀원 생활이 끝날 즈음, 박병선은 다시 원장수녀와 마주 앉았다.

"아직도 수녀가 되고 싶어요?"

박병선은 단호하게 대답했다.

"네."

원장수녀는 박병선의 손을 잡고 천천히 말했다.

"병선 씨가 우리와 함께 이곳에 있게 된다면, 우리는 더없이 반갑고 기쁠 거예요. 하지만, 내 생각에는 말예요……."

원장수녀는 잠시 동안 박병선의 눈을 들여다보고는 다시 입을 열었다.

"병선 씨는 세상에 나가서 해야 할 다른 일이 꼭 있을 것 같아요."

"세상에 나가서 해야 할 일이요?"

박병선은 원장수녀의 말을 듣고는 깊은 생각에 잠겼다.

지금까지 세상에게, 하느님에게 받은 수많은 축복들이 떠올랐다. 죽을 고비에서 기적적으로 다시 살게 해 주신 성모마리아의 손길, 멀리 타국까지 와서 하고 싶은 공부를 마음껏 할 수 있게 해 주신 부모님, 그리고 조국을 위해 자신을 믿고 중요한 일을 당부하신 스승님의 기대…….

'그렇구나. 나는 지금까지 무척이나 많은 것을 받기만 하고 살아왔구나. 그렇다면 받기만 하고 끝내면 안 되지. 갚아야지. 그게 바로 내가 세상에서 해야 할 일인 거야. 이제, 세상에 나가서 내가 받았던 많은 축복을 갚으면서 살자.'

박병선은 수녀원을 떠나면서 앞날에 대한 막연한 희망을 조심스레 가슴속에 품었다.

프랑스국립도서관 연구원이 되다

유네스코는 1972년을 '세계 도서의 해'로 계획했다.

동양의 오래된 책들을 많이 소장하고 있던 프랑스국립도서관은 '세계 도서의 해'에 맞춰 각 언어권별로 고서들을 정리하여 동양서적을 전시할 계획을 세웠다.

그 당시 프랑스도서관 사서들에게 동양의 책들은 읽기조차 어려워 무슨 책인지 알 수도 없는 형편이었고, 책들이 아무렇게나 한데 섞여 분류조차 제대로 되지 않은 채로 있었다. 프랑스국립도서관에는 프랑스어를 할 줄 알면서 한자에도 능통한 사람이 필요했다. 특히, 한국이나 일본의 책을 읽을 줄 아는 사람이어야 했다.

마땅한 딱 한 사람이 있었다. 박병선이라는 한국에서 온 유학생이었다. 도서관 사람들은 늘 도서관에 찾아와 책을 보며 성실하게 공부를 하던 한국 유학생 박병선을 생각해 냈다.

도서관 책임자가 박병선을 찾아왔다.

"박병선 씨, 우리 국립도서관 연구원으로 일해 주겠습니까?"

박병선은 뜻밖의 제안에 깜짝 놀랐다.

"동양의 고서를 파악하고 연구하는 일을 맡아 주세요. 박병선 씨가 꼭 해 줬으면 좋겠어요."

그 순간 박병선의 머릿속에는 오직 한 가지 생각으로 가득 찼다.

'하늘이 내려주신 기회인가? 도서관에서 일을 하게 되다니, 그것도 동양의 고서들을 연구해 달라니. 그야말로 나에게 외규장각 의궤를 마음껏 찾아볼 수 있는 기회가 온 거야. 이게 꿈은 아니겠지?'

박병선은 기쁜 마음으로 제안을 받아들였다.

1967년, 박병선의 프랑스 국립도서관 동양고서원 연구원 임무가 시작되었다.

도서관 정문 왼쪽 옆에 자리한 동양 원서부에는, 동양으로부터 언제 와서 있었을지도 모를 오래된 수많은 책들이 서고를 가득 채우고 있었다. 박병선은 책들을 한 권 한 권씩 들여다보고 넘기면서 책들에 대해 본격적으로 연구하기 시작했다.

동양의 오래된 책들이 그다지 낯설지 않고 정겹게 다가왔다. 박병선은 설레는 마음으로 일을 시작했다. 자신이 맡은 일을 하면서 자연스럽게 외규장각 의궤를 찾아볼 수 있는 기회가 주어진 것을 하늘에 감사하고 또 감사했다.

박병선은 일을 하는 중에도 외규장각 의궤에 대한 생각을 놓치지 않았다.

'혹시 이 책이 내가 찾는 책이 아닐까?'

눈에 들어오는 책들이 다 그 책일 것만 같아 보였다.

'왠지 이곳 서고에는 외규장각 의궤가 있을 것 같아. 생각보다 빨리 찾을 수 있을지도 몰라.'

이렇게 기대해 보았지만 외규장각 의궤는 쉽게 나타나지 않았다.

연구원으로서의 시간이 하루하루 흘렀다. 전시를 준비하기 위해 동양원서부 서고의 책을 거의 다 파악해 가는 동안에도 외규장각 의궤는 나타나지 않았다.

'꼭 도서관 서고에 꽂혀 있지 않을 수도 있어. 다른 데 있을 수도 있잖아.'

박병선은 찾을 만한 범위를 더 넓게 생각해야 했다. 국립도서관을 벗어나서 생각해 보면 프랑스 전체까지 찾아볼 만한 범위가 무궁무진하게 넓어졌다.

해군박물관, 고문서박물관 등 프랑스의 기관마다에는 고문서관이 있었다. 고서적들이 있는 곳이라면 어디든지 찾아가서 목록들을 뒤졌다.

그러나 아무리 찾아 헤매도 외규장각 의궤는 눈에 띄지 않았다.

'아! 도대체 어디에 있을까?'

가끔 힘이 빠져나갈 때도 있었다.

'이렇게 찾기 힘든 걸 보니, 혹시 프랑스에 없는 건 아닐까? 이미 다른 나라로 넘어갔을지도 몰라. 그래 맞아. 이 나라가 전쟁을 겪었으니 독일에 뺏겼을지도 모르는 일이고……. 그렇다면 어떻게 찾아야 하지?'

막막한 하루하루가 지나갔다.

지친 몸으로 밤길을 걸어 집으로 돌아올 때면 눈앞에 안개가 낀 듯 답답했다. 박병선은 밤하늘을 올려다보며 혼잣소리로 말했다.

"이병도 선생님, 저 힘들어요. 아무리 찾아도 그 책이 안 나타나요."

스승의 대답이 귀에 들리는 듯했다.

"꼭 찾아야 한다. 넌 할 수 있어."

박병선은 다시 마음을 다잡았다.

'그래. 아직 포기하기는 일러. 다른 나라로 넘어갔다는 건 아직 확실한 게 아니잖아. 프랑스 온 나라를 다 뒤져 보기 전에는

절대로 포기하면 안 돼. 더 열심히 찾아봐야지.'

다음날 다시 힘을 내서 찾아보았다. 하지만 좀처럼 찾아지지 않았다.

또 다시 희망을 놓지 않고 그 다음날도 찾아보았다. 역시 찾을 수 없었다.

'나올 때까지 찾아보는 거야.'

시간이 허락되는 날은 언제나, 어제나 오늘이나……, 외규장각 의궤를 찾는 일은 쉬지 않고 계속되었다.

찾다가 지치면 새로 마음을 다잡고, 때로는 절망하고…….

한 번은 프랑스 친구가 박병선에게 물었다.

"오늘, 친구들이랑 저녁 같이 먹기로 했어. 올 거지?"

"미안하지만 난 못 가."

"병선이는 늘 뭐가 그렇게 바쁜 거야? 프랑스에 있으면 다른 사람들처럼 즐기고 여유 있게 살면 좋잖아?"

"할 일이 있어서 그래. 난 일하는 게 좋아."

남다른 목적을 홀로 품고 있는 박병선의 생각을 다른 사람들은 이해하지 못했다.

그러던 어느 날, 상상하지도 않았던 뜻밖의 보물이 박병선에게 찾아왔다.

4 『직지』를 만나다

　1967년, 조국을 떠나온 지 12년. 박병선은 그 날도 동양 서적들이 쌓여 있는 서고를 뒤지고 있었다.
　그러다가 한쪽 구석에 파묻혀 있는 책 한 권을 뽑아 들게 되었다. 표지에는 '直指직지'라는 한자가 쓰여 있었고, 아래쪽에는 'COREEN'이라는 도장이 찍혀 있었다. 박병선은 깜짝 놀랐다.
　'직지? 이게 무슨 책일까? 꼬레엔이라면 우리나라 책인가 본데……'
　오랫동안 쌓인 먼지를 털어냈다. 아주 조심스럽게.

책의 크기는 가로 17.0cm, 세로 24.6cm였다. 능화판 문양의 고운 비단으로 감싼 표지에 다섯 구명을 뚫어 붉은 실로 꿰매어 제본을 했다. 책의 제목인듯 먹으로 '直指직지'라고 쓰여 있었다. 그리고 표지에는 프랑스어로 '1377년에 금속활자로 인쇄된 가장 오래된 한국 인쇄본'이라는 말이 적혀 있었다.

"아니, 금속활자로 인쇄된 가장 오래된 한국 인쇄본이라고? 이건 도대체 누가 적은 것인가?"

표지를 넘기자 한지에 먹 빛깔로 굵게 줄이 쳐져 있고, 세로로 한자들이 인쇄되어 있었다.

책의 맨 뒷장에는 이렇게 쓰여 있었다.

宣光七年丁巳七月 日 선광7년정사7월 일

淸州牧外興德寺 청주목외흥덕사

鑄字印施 주자인시

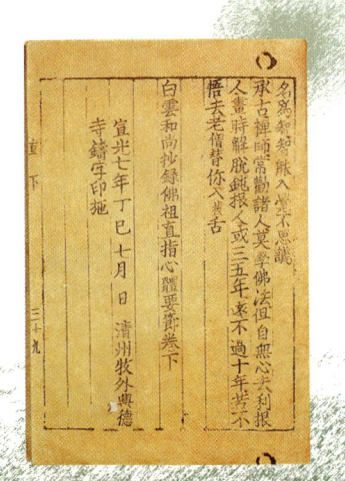

조심스럽게 해석을 해 보니,

'선광 7년 7월에 청주목 외곽에 있는 흥덕사에서 금속활자로 간행되었다'는 뜻이었다.

박병선은 입을 다물지 못했다.

'선광 7년이라면 우왕 3년, 서기로 1377년이 아닌가? 『직지』 표지에 적혀 있는 연도와 일치했다. 이 책에 쓰여 있는 연도가 사실이라면?'

그때까지 유럽을 중심으로 세계인들이 인정해 왔던 가장 오래된 금속활자 인쇄본은 1455년에 인쇄된 독일의 『구텐베르크 42행 성서』였다.

'『구텐베르크 성서』보다 무려 78년이나 앞선 금속활자 인쇄본이라는 말인데, 그렇다면 이 책이 세계에서 가장 오래된 금속활자 인쇄본이 되는 것이다. 과연 사실일까?'

생각지도 않던 책, 『직지』를 만난 박병선의 손끝이 떨려왔다. 두려웠다. 혼자 감당하기에 너무 벅찬 느낌이 온몸을 휘감았다. 한참 동안 아무 말도 할 수 없었다.

'이 책은 언제 이곳에 왔을까? 왜 여기에 와 있을까? 왜 내 눈앞에 나타나 이렇게 깜짝 놀라게 하는가? 이 책을 들고 있는 지금 이 순간이 꿈일까 생시일까?'

꿈은 아니었다.

박병선은 흥분을 가라앉히고 침착하게 생각했다.

'먼저 이 사실을 알려야 해. 온 세상에.'

박병선은 두렵고 떨리는 마음으로 먼저 프랑스국립도서관 사서과장에게 이 사실을 알렸다.

"이 책은 아주 특별한 책입니다."

"아, 한국 책이군요? 무엇이 특별하다는 거죠?"

"지금까지 우리가 알지 못했던 사실이 이 책에 숨겨져 있습니다."

"그게 뭐죠?"

"이 책은 세계에서 가장 오래된 금속활자 인쇄본인 것 같습니다. 1377년에 금속활자로 인쇄한 책이라고 기록되어 있어요."

사서과장은 무척 놀랐다.

'아무렇게나 보관한 저 한국 책이 그렇게 대단한 책이라고?'

그는 믿지 않으려고 했다.

"이 책이 1377년에 한국에서 금속활자로 인쇄된 책이라고요? 설마?"

박병선이 책에 기록된 글자들을 보여주며 조목조목 자세히 설명하자 사서과장은 고개를 갸웃거렸다. 한참 동안 책을 들여다보다가 그는 천천히 입을 열었다.

"만약에 말예요. 만약에 이것이 사실이라면, 이 책은 지금까지 가장 오래된 금속활자 인쇄본으로 인정되었던 『구텐베르크 성서』보다 78년이나 앞선, 세계 최초의 금속활자 인쇄본이라는 말입니다."

박병선은 마른 침을 꿀꺽 삼키며 고개를 끄덕거렸다. 사서과장은 다시 또박또박 못 박듯 말했다.

"지금, 당신이 한 엄청난 그 말이 정말로 사실이라면 말입니다."

사서과장은 결코 쉽게 인정하지 않으려는 자세를 보였다. '설마 사실이겠냐?'고 생각했던 것이다.

그는 이어서 무덤덤하게 입을 열었다.

"당신은 이 책에 쓰인 연도가 사실인지 믿을 수 있습니까? 그리고 이 책이 정말로 금속활자 인쇄본인지도 믿을 수 있습니까?"

박병선은 바로 자신의 눈앞에 놓여 있는, 오래된 조국의 책, 『직지』를 말없이 내려다보았다. 그리고 그 안의 글자들을 한 글자 한 글자 눈에 새기듯 바라보았다.

『직지』는 박병선에게 무언가 묻는 듯했다.

'진실이란 어떻게 밝혀지는가?'

어느 날 갑자기 자신 앞에 나타난 『직지』가, 진실에 대해서 묻고 있었다. 박병선은 믿었다. 『직지』를 처음 보는 순간부터 조금도 의심 없이 믿었다. 그 책에 쓰여진 글자 그대로의 사실이, 세계에서 가장 오래된 금속활자 인쇄본이라는 사실이 다 믿어졌다. 그러나 자신만 믿고 있는 진실이었다.

'이 진실은 밝혀져야 한다. 이 책에 쓰인 내용대로, 정말로 1377년에 한국 땅에서 금속활자로 인쇄되었다는 사실을 증명해야겠구나. 나 자신에게도 다른 사람에게도 한 점의 의심도 없이 확실하게 증명해야 한다. 하지만 어떻게 증명하지?'

박병선은 답답했다.

'증명할 수 있을까? 어떻게?'

막연한 며칠이 지나고, 박병선은 결심했다.

"해 봐야지. 이 일은 다른 사람이 하든 내가 하든 누군가 꼭 해야 하는 일이야. 새로운 역사를 제대로 고증해내는 일이니까. 그리고 무엇보다, 이 고증은 내 조국을 위한 일이야."

박병선은 『직지』를 고증하는 일을 하기로 굳게 결심했다.

고증 예전에 있던 사물들의 시대, 가치, 내용 등을 옛 문헌이나 물건에 기초하여 증거를 세워 이론적으로 밝힘.

5 『직지』는 어떤 책일까?

박병선은 먼저 『직지』가 어떻게 프랑스에 오게 되었는지부터 알아보았다.

1887년에 외교관 자격으로 조선에 갔던 프랑스인 꼴랑 드 쁠랑시가 이 책을 수집하여 프랑스로 가져온 것으로 확인되었다. 동양문화와 인쇄에 관심이 많았던 쁠랑시는 『직지』의 가치를 알아보고 표지에 '1377년에 금속활자로 인쇄된 가장 오래된 한국 인쇄본' 이라고 적어 놓았던 것이다.

이후 앙리 베베르가 경매를 통해 직지를 구입하였으며, 1950

년 경에 프랑스국립도서관에 기증하였다는 것을 알게 되었다.

또한 『직지』는 1900년 파리에서 열린 '세계만국박람회'에서 처음으로 소개된 사실도 있었다. 그 뒤 2년이 흐른 1902년에 서지학자 모리스 꾸랑의 『조선서지』 부록편인 4권 째에 『직지』가 수록되기도 했다.

박병선의 생각으로, 모리스 꾸랑이 목록을 작성한 그 때에는 『직지』가 그냥 일반적인 고서적의 하나로 취급되어 단순하게 이름만 올라간 것으로 그친 것 같았다. 모리스 꾸랑이 『직지』 표지에 프랑스어로 쓰인 내용에 대해 파악하지 못한 게 분명했다.

『직지』는 박병선의 눈에 띄기 직전까지는 그처럼 세상의 수많은 오래된 고서적들 중에 하나로, 오랜 세월 동안 책장도 제대로 들춰지지 않은 채 서고에 꼭꼭 파묻혀 있던 책일 뿐이었다.

박병선은 우선 『직지』를 자세히 살펴봐야 했다. 그리고 정말 금속활자로 인쇄된 책인지를 알아내야만 했다. 『직지』를 펼치고 인쇄 상태를 꼼꼼하게 분석하면서 알게 된 사실을 하나씩 적어 나갔다.

- 각 페이지는 세로 11행으로 이루어져 있다.
- 각 행은 18자~20자의 한자로 구성되어 있다.
- 18자의 한자로 된 행과 20자의 한자로 된 행간의 크기가 똑같지 않다.
- 글자의 크기, 굵기, 위치 등이 고르지 않고 앞 글자의 밑 부분이 뒷 글자의 윗 부분에 겹쳐져 인쇄되었다.
- 글자의 줄이 바르지 않고 불규칙 하다.
- 6군데에 걸쳐 작은 글씨로 된 2행의 주석들 또한 불규칙하다.
- 먹물들이 활자에 묻혀진 상태가 달라서 글자의 굵기나 색의 농도가 가지각색으로 다르다. 먹물이 흘러 찍힌 얼룩 자국들이 있고, 글자들 위에 찍힌 불필요한 자국들이 보인다.
- 마지막 페이지에 쓰인
  白雲和尙抄錄佛祖直指心體要節 券下 백운화상초록불조직지심체요절 권하
  는 이 책의 이름이다.

  宣光七年丁巳七月 日 선광7년정사7월 일
  은 이 책이 만들어진 시기이며,

  淸州牧外興德寺 鑄字印施 청주목외흥덕사 주자인시
  는 이 책이 만들어진 장소와 인쇄 방법에 대해 말하고 있다.
- 뒷장에 쓰인 釋璨 석찬, 達湛 달잠
  은 이 책을 인쇄한 사람의 이름이다.

역사적 사실에 대해서는 어렵지 않게 알아 낼 수 있었다. 박병선이 한국에서부터 역사 공부를 해 온 입장이었기 때문에 가능했다. 그러나 금속활자 인쇄본인 것을 입증하려면 활자 인쇄에 대한 지식이 있어야 했고, 박병선은 그 분야에 대해서는 전혀 아는 게 없었다. 『직지』에 금속활자 인쇄본이라고 쓰여 있기는 했지만, 정말로 그 글자들이 금속활자로 찍은 것인지 증명해 내야 하기 때문이다.

『직지』를 아무리 들여다보고 또 봐도 막막했다.

'이 글자를 금속활자로 찍었을 게 분명한데……, 금속활자로 찍은 이 글자들이 다른 활자로 찍은 글자들과 뭐가 어떻게 다른 걸까? 정말 어려운 문제다.'

이책 저책을 갖다 놓고 들여다봐도 쉽게 구분이 가지 않았다. 프랑스의 여러 도서관에서 인쇄에 대한 한국 책이 있는지 찾아보았지만 없었다.

박병선은 한국의 학자들에게 이 사실을 알리고 도움을 구해 보려고 10여 통이 넘는 편지를 정성껏 써서 한국으로 보냈다.

"한국의 활자나 인쇄 역사에 대해 연구하는 분이 계신가요?

혹시 책이라도 있으면 찾아 주세요."

오랫동안 기다려도 답장이 오지 않다가, 많은 시간이 지난 뒤 한 사람이 답장을 보내왔다. 하지만 기다리던 소식은 아니었다.

한국에서 도움을 줄 사람이 없고, 며칠 동안이나 책을 찾아 뒤졌지만, 한국의 활자나 인쇄에 관한 책은 없다는 것이다.

박병선은 초조해졌다. 한국의 학자들을 찾아 전화를 직접 걸어 물었다. 하지만 시원한 대답은 들을 수 없었다. 오히려 무관심하거나 냉담했다.

심지어, "서지학도 안 한 사람이 왜 서지학에 손을 대는 거요?" 하고 따지는 사람도 있었다.

박병선은 다른 방법을 생각해야만 했다. 당시 프랑스국립도서관에서는 한국 인쇄에 관한 책은 없었으나, 중국이나 일본의 인쇄사 관련 책은 있었다.

"지푸라기라도 잡는 거야. 같은 아시아권의 자료이니까 뭔가 알아낼 수 있을지도 몰라."

박병선은 한자에 대해서는 말할 것도 없었고, 일본어와 중국어가 능통했으므로 일본과 중국의 인쇄에 관한 책을 읽기 시작했다. 하루라도 빨리 고증을 해내고 싶어 매일 밤을 새다시피 책을 파고들었다. 눈이 빨갛게 충혈된 채로 다음날 도서관에 출근하기 일쑤였다.

도서관 동료들은 무척 피곤해 보이는 박병선을 보고, "무슨 일 있어? 어제 밤에 울었니?" 하고 걱정스럽게 묻기도 했다.

박병선은 안약을 넣어 충혈된 눈을 다스리고, 또 밤이 되면 책을 파고드느라 잠을 못 자 눈은 더 충혈 되는 날들이 되풀이 되었다.

중국이나 일본의 인쇄에 관한 책을 그토록 힘들게 공부해 보았지만 큰 수확은 얻지 못했다. 박병선은 할 수 없이 다시 스스로 답을 찾아야 할 형편으로 돌아왔다.

'이게 금속활자 인쇄본이라면, 금속활자만의 특징이 있을 텐데 그게 도대체 무엇일까? 어쩔 수 없지. 금속활자를 내가 직접 만들어 인쇄를 해봐야겠다.'

금속활자와 다른 활자와의 차이점, 꼭 금속활자만이 가지는 특징을 찾아 『직지』에 찍힌 글자와 똑같은 글자로 찍힌 인쇄본을 만들어 내야겠다고 생각했다.

먼저 『직지』에 찍힌 글자를 복사해 벽에 붙여놓았다. 그 다음, 우선 다른 쉬운 재료들로 먼저 활자를 만들어 보기 시작했다.

감자도 파고, 당근도 파고, 지우개에도 글자를 파서 찍어 보았다. 그리고 나무에도 글자를 파고 돌멩이로도 글자를 파서 찍어 보기도 했다. 그리고 점토로도 활자를 빚어 오븐에 구워 내 도자기 활자를 만들어서 찍어 보았다. 그렇게 여러 방법으로 만들어 찍어 낸 글자들을 하나하나 벽에 붙여 놓고는 『직지』의 글자와 비교해 나갔다.

'역시 『직지』 활자와는 다른 형태로 찍혀 나오는구나.'

흙으로 활자를 만들어 도자기로 구울 때면 박병선은 부엌에 있는 오븐을 요긴하게 사용했다. 하지만 오븐에 활자를 굽는 일도 쉽지는 않았다. 어느 날, 오븐이 과열되어 '펑' 하고 터져 부엌 유리창이 다 깨지고 말았다. 박병선은 주인에게 큰 야단을 맞고 집을 쫓겨날 지경에 이르렀다.

"이게 무슨 일이에요? 집에 불이 날 뻔 했잖아요. 당장 집을 비워 주세요."

하지만 포기할 박병선이 아니었다. 활자 실험은 계속되었고,

그 뒤로도 오븐은 세 번이나 더 터져 불을 낼 위기를 겪었지만, 병선은 쉼 없이 활자 실험을 계속했다.

'어? 흙으로 구운 활자는 얼핏 비슷하긴 하네? 그렇지만 꼭 같지는 않아.'

흙으로 활자를 만들어 오븐에 구우면 매끈하게는 되지 않을지언정 어느 정도는 금속활자와 비슷하게 나왔다.

금속활자를 만드는 일은 무척 어려웠다. 단순한 공정이 아니었다. 활자본 거푸집을 만든 다음, 거기다가 녹인 쇳물을 부어서 굳힌 뒤 떼어 내야 하는 복잡한 작업이었다. 파리의 인쇄소에서 예전에 쓰던 금속활자들도 구하고 주물공장을 찾아가 물건들을 만드는 것을 지켜보면서 힌트를 얻기도 하고, 쇠 활자를 주문해서 찍어 보며 하나하나 깨우쳐 갔다.

6 『직지』는 세계에서 가장 오래된 금속활자 인쇄본임을 증명하다

활자에 대해 연구하는 동안 박병선은 잠을 거의 못 자며, 끼니를 건너뛰기 일쑤였다. 단 일 분이라도 먹고 자는 데 쓰는 시간이 아까워서였다.

우리 민족이 만든 책, 『직지』가 세계에서 가장 오래된 금속활자 인쇄본인 걸 박병선 자신만 믿고, 결국 남들에게 증명하지 못한 채 이대로 끝나게 되는 건 아닌가 하는 생각에 마음이 초조하기만 했다. 하루라도 빨리 증명해 내고 싶었다. 우리의 『직지』를 세상에 자랑스럽게 내놓고 싶었다.

날마다 커피와 빵으로 끼니를 때우며 실험에 몰두했다. 그러다가 너무 무리를 해 몸이 견디기 어려울 만큼 힘들어지기도 했다.

"뭘 좀 챙겨 먹어야겠어. 이렇게 가다간 힘이 없어서 쓰러질 것만 같아. 내가 쓰러지면 안 되잖아. 오늘은 제대로 요리를 만들어 먹어 보자."

박병선은 모처럼 만에 먹을 것을 사러 장에 나갔다.

'무엇을 살까? 뭘 해 먹어야 하지?'

하지만 장을 보러 나가서도 필요한 것들을 제대로 살 수가 없었다.

고기를 파는 가게에 가도 눈에 직지 활자가 아른거렸다. 채소를 들여다보면서도 활자가 생각났다. 간판을 쳐다봐도 온통 『직지』 생각만 가득했다. 머릿속에 다른 무엇도 들어올 틈이 없었다. 결국은 겨우 빵만 사서 집으로 돌아오고 말았다.

커피 한 잔을 끓여 앞에 놓고 빵을 먹으면서 박병선은 생각했다.

"아, 내 자신이 정말 답답하다. 나 같은 맹꽁이가 또 있을까?

지금 내가 하는 이 일이 너무 무모한 게 아닐까?"

하루하루가 힘겹게 지나갔다.

"내가 이렇게 힘들게 해야만 할까? 한국의 학자들도 외면하고, 아무도 알아주지 않는 이 일에 계속 이렇게 매달려야만 할까? 성공할 거라는 보장도 없는데."

하지만 답은 언제나 한 가지였다.

"여기서 포기할 수 없어. 내가 안 찾으면 내 조국의 위대한 유산이 세상 사람들에게 제대로 인정받지도 못한 채 그냥 묻혀 버리고 말 텐데. 그래, 해야 한다. 내가 해야만 해. 꼭 밝혀내야만 해."

때때로 마음속에 밀려드는 회의와 새로운 물음들은 박병선에게 꼭 필요한 밑거름이었다. 다시 한 번 마음을 다잡고 새롭게 힘을 내는 기회가 되었기 때문이다.

박병선은 자신에게 말했다.

'병선아, 너에게 용기를 줄게. 결코 포기하지 않는 용기를.'

다른 사람 아무에게도 얻을 수 없는, 스스로 만들어 내는 진정한 용기였다.

시간은 어느덧 3년이나 흘러갔다. 활자에 대해 아무것도 몰랐던 박병선의 눈에 서서히 무언가 보이기 시작했다.

그동안의 실험을 통해서 활자와 목판의 차이, 나무활자, 도자활자, 금속활자의 차이를 조금씩 알 수 있게 되었다. 마침내 박병선은 금속활자의 특징을 찾아냈다.

"그래, 알겠다!"

박병선은 먼저 나무활자와 금속활자를 비교해 보았다.

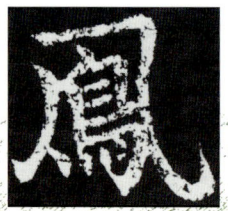
금속활자 인쇄본

나무활자 인쇄본

나무활자는 나무에 글자를 새겨 내므로 동일한 글자라도 같은 모양이 없고 조금씩 다르지만, 금속활자는 글자본에다 주형을 만들어 주조하므로 글자 모양이 같고 가지런하다.

나무활자는 오래 사용하면 글자 획이 닳아 없어져 인쇄가 조잡하고, 금속활자는 오래 사용한 경우 글자의 획이 닳아 없어진 부분이 인쇄되지 않아 가늘어지고 일그러지지만 글자의 획은 붙어 있다.

나무활자는 칼자국이 나타나지만, 금속활자에는 칼자국이 없다.

나무활자에는 너덜이가 없다. 금속활자는 주조한 다음 줄로 마감질을 하므로 글자 끝이 둥글둥글한 맛이 난다. 초기에는 마감이 거칠어 너덜이가 남아 있을 수 있다.

나무활자 인쇄본은 송연묵을 사용하므로 먹물의 색이 진하고, 금속활자 인쇄본은 유연묵을 사용하므로 일반적으로 먹물의 색이 진하지 않다.

송연묵 소나무를 태워 생긴 그을음으로 만든 먹.
유연묵 기름을 태워 생긴 그을음으로 만든 먹.

나무활자 인쇄본은 현미경으로 관찰하면 주위에 먹물이 번져 있고, 금속활자 인쇄본은 현미경으로 관찰하면 먹물의 색에 반점이 나타난다.

금속활자 인쇄본에는 똑같은 글자 모양이 자주 반복되어 나타난다. 글자 획이 고르고 일정하다. 글자의 줄이 대체로 바르지 않고 좌우로 출입이 심하다.

박병선은 그 밖에 또 다른 특징도 찾아 나갔다.
"'ㅁ' 모양 활자가 앞의 것과 뒤의 것이 조금도 틀리지 않고 똑같구나. 그렇다면 이 'ㅁ' 자 활자를 다른 글자에 다시 가져다가 쓴 것이 분명해. 붓으로 쓰거나 나무로 팠다면 이렇게 똑같을 수가 없지. 글자를 파내는 게 쉽지만은 않았나 보네? 앞 글자와 뒤 글자가 물린 것도 있고, 비뚤어진 것도 있는 걸 보니."
글자들이 비뚤어진 것이나 물린 것을 하나하나 꼬집어 확대 대조해 보니 정확히 같은 활자를 사용한 조판인 것이 확실했다.
박병선은 이렇게 여러 가지 결과들을 대조한 결과, 『직지』가 금속활자 인쇄본임을 확실히 증명을 할 수 있게 되었다.

 프랑스국립도서관에서 박병선이 『직지』와 처음 만난 지 5년 만에 고증해 이루어 낸 업적이었다.

 '이제, 세계에서 가장 오래된 금속활자 인쇄본은 한국의 『직지』라고 발표하면 되는 거야.'

 박병선의 마음은 하늘을 나는 듯 기쁨으로 가득했다. 인쇄에 대해서는 아무것도 모르던 막막하던 때부터 시작해서, 하나하나 실험하고 실패하고 찾아낸 오랜 고생의 시간이 끝이 난 것이다. 『직지』가 세계에서 가장 오래된 금속활자 인쇄본임을 박병선 자신의 힘으로 세상에 떳떳하게 외칠 수 있게 된 사실이 쉽게 실감나지 않았다.

 다른 한편으로는 겁도 났다.

 '나는 서지학자가 아닌데, 이렇게 대담하게 말해도 되는 걸까? 세상 사람들이 이 사실을 알게 되면 어떻게 반응할까?'

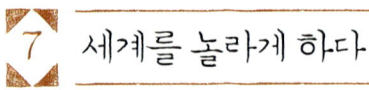

7 세계를 놀라게 하다

박병선은 세계도서전시회를 준비 중이던 프랑스국립도서관 책임자들에게 직지를 전시할 것을 제안했다.

"제가 『직지』에 대해서 처음 말씀 드렸을 적에, 금속활자 인쇄본이라는 것이 '사실이라면?' 하면서 믿지 못했죠? 그러나 이제는 그런 가정하는 말인 '이라면'을 빼고 '사실'이라고 발표할 수 있게 되었습니다."

"설마……, 사실이라는 말입니까?"

"네, 사실입니다."

프랑스국립도서관 사서과장은 황당한 얼굴로 말했다.

"박병선 연구원, 어떻게 그렇게 대담한 생각을 하지요?『직지』가 정말로 1377년 그 해에 금속활자로 인쇄된 것인지 확실히 증명할 수 있다는 겁니까?"

박병선은 망설임 없이 대답했다.

"네, 물론입니다. 제가 확실히 증명할 수 있으니, 이번 전시에서 꼭 알렸으면 좋겠습니다."

박병선은 자신이 실험하고 고증해 낸 결과를 설명했다. 사서과장과 전시책임자는 결국 박병선의 제안을 받아들이기로 했다. 그러면서 조건을 붙였다.

"만약 이것이 사실이라면, 도서관의 명예로 돌립시다. 그러나 만약 실수로 밝혀지게 되면 박병선, 당신 개인의 책임으로 돌리겠습니다."

박병선은 자신 있게 대답했다.

"좋습니다."

드디어 1972년 봄, 유네스코 지정 '세계 도서의 해'를 맞아 프랑스국립도서관에서 '책의 역사'전이 개최되었다.

전시회 기간 중에 많은 사람들이 『직지』를 보았다. 놀라움 만큼이나 세상은 시끌벅적했다. 세계를 놀라게 한 커다란 사건이었다.

인쇄업자나 관계자들이 빗발치듯 의문을 제기해 왔다.

"『구텐베르크 42행 성서』가 가장 오래된 금속활자 인쇄본인 걸로 알고 있었는데, 그보다 78년이나 앞선 금속활자 인쇄본이 있었다고요?"

"동양의 작은 나라에서 그렇게 일찍이 금속활자를 만들어 인쇄를 했다니요? 그게 가능했을까요?"

"고증을 제대로 한 건가요? 확실합니까?"

박병선은 그들의 의심에 성의껏 대응하며, 지난 5년간 실험을 통해 알게 된 내용을 토대로 『직지』가 가장 오래된 금속활자 인쇄본이라는 것을 상세히 설명하고 이해시켰다.

쉽게 믿지 않으려고 하는 세상이 야속하기만 했다. 하지만 역사를 바로 알리고 자신이 힘들어도 조국의 위상이 올라가는 기쁨을 생각하면 그 정도쯤은 충분히 참을 수 있었다.

결국 그들은 박병선의 주장을 인정하게 되었다.

"그래요. 당신 말이 옳군요."

"알아들었습니다."

박병선은 큰 숙제를 해결한 듯 마음이 편안해졌다.

그러나 '다른 나라 사람들은 그렇게 쉽게 인정하지 않으려고 했더라도, 내 나라 사람들은 나처럼 기뻐하겠지?' 하는 마음으로 힘과 용기를 얻으려 했던 박병선을 더 아프게 했던 것은 한국인의 반응이었다.

어떤 한국 학자가 편지를 보내왔다.

"그런 고증은 서지학자도 못했는데, 당신이 어찌 그렇게 장담

할 수 있어요? 당신이 했다고 하지만 제대로 한 것이 맞는지 모르겠으니, 우리 한국 학자들이 다시 보고 판단해 봐야겠어요. 그래서 그 사실이 맞으면 우리들이 한 것으로 합시다."

박병선은 내 나라 사람들에게 인정받지 못하는 게 말할 수 없을 만큼 서운했다.

후에, 박병선은 『직지』를 복제한 영인본을 내기 위해 한국 서지학자들과 직접 만나게 되었다. 서지학자들에게 박병선은 그동안 힘들여 증명했던 사진과 자료들을 보여주면서 이렇게 고증했다고 발표했다.

그 발표를 들었던 한국 학자들이 『직지』 영인본 서문을 작성하게 되었는데, 그 내용이 제대로 된 것이 아니었다.

'프랑스국립도서관에 근무하고 있는 박병선이 가지고 온 사진을 한국의 서지학자들이 고증해 본 결과 이것은 금속활자 인쇄본이라고 인정했다.'

글의 내용상으로는 연구는 한국의 서지학자들이 하고, 박병선은 서지학자들의 심부름을 한 모양이 되어 있었다.

박병선은 그대로 인정할 수 없어 담당 학자를 찾아갔다.

"너무합니다. 당신들은 이 『직지』에 대해 연구한 적이 없지 않습니까? 제가 5년을 바쳐 연구한 것입니다. 서문의 내용을 고쳐주세요. '한국의 서지학자들도 금속활자로 인정했다.' 라고요."

하지만 한국의 서지학자들은 박병선의 말을 무시했다. 그리고 고치지 않은 채, 『직지』 영인본에다 마치 자기들이 『직지』를 연구한 양 그대로 발표했다.

박병선은 억울하고 허탈한 마음을 애써 진정시켰다. 그리고 그 일로 인해서 프랑스국립도서관에서도 좋지 않은 일이 일어났다.

출판된 『직지』 영인본의 해설문을 본 도서관 사서과장이 박병선을 불러 따져 물었다.

"이게 말이 됩니까? 『직지』는 우리 프랑스국립도서관에서 발표하고 인정받은 것입니다. 그런데 한국의 서지학자들이 자기들이 했다고 썼지 않습니까? 이건 말도 안 됩니다. 당장 그들을 고소하겠습니다."

한국 학자들의 어이없는 발표를 프랑스국립도서관 입장에서는 받아들이지 않으려 했지만 누구보다 받아들이기 힘든 사람은 박병선 자신이었다.

『직지』를 고증하기 위해 보낸 오랜 시간들이 머릿속에 하나하나 떠오르자 가슴 한 쪽이 아련하게 아파왔다.

활자를 만들어 내며 고증하기 위해 애썼던 길고 긴 시간들이 생각났다. 얼마나 힘들었던가……, 여러 가지 생각에 가슴이 저리면서도 입가에는 미소가 번졌다.

'그래, 힘들었지. 그래도 공로를 인정받는 것보다 훨씬 더 큰 기쁨을 준 시간이었어.'

590년 전에 태어나 꼭꼭 숨어 있다가 자신 앞에 위풍당당하게 나타났던 『직지』를 처음 만났던 순간의 기쁨이 떠올랐다.

박병선은 스스로 마음을 다스리고 화를 가라앉혔다.

'그래도 내 나라의 학자들인데……, 국제 재판에 세우게 할 수는 없지.'

박병선은 도서관 사서과장을 설득했다.

"지금 프랑스국립도서관은 영광을 다 받지 않았습니까? 세계에서 가장 오래된 금속활자 인쇄본이 프랑스국립도서관에 있다는 것, 소유권이 있다는 것만 해도 대단한 일이지 않습니까? 프랑스국립도서관은 손해 본 것이 없습니다. 그것으로 되었다고 생각합니다."

그렇다고 사서과장은 쉽게 화를 누그러뜨리지 않았다. 박병선은 계속 설득했다.

"지금까지 『직지』가 한국 땅에 있던 상황이었다면 어땠을까요? 크게 신경 쓸 일도 아니었겠죠? 그리고 이 도서관 서고 속에 오래전부터 있던 그 모습 그대로 아직도 드러나지 않은 채 있었다면 어땠을까요?"

과장은 아무 대답도 하지 못했다.

"제가 찾아내어 고증을 하고 발표를 했기 때문에 지금 주목받고 있는 것 아닙니까? 이 일은 도서관에게도 영광스러운 일이고, 저 개인에게도 큰 기쁨입니다. 그러니 더 이상 문제 삼지 않았으면 좋겠습니다. 부탁입니다."

결국 사서과장은 박병선의 뜻을 받아 주었다. 그리고 박병선은 그 이후로 이 일에 대해 한국 학자들에게 더 이상 아무 말도 하지 않았다. 그 뒤 한국 학자들에게서도 아무런 소식이 없었다.

박병선은 쓸쓸히 웃으면서 생각했다.

'내가 영광을 받고, 내 이름을 알리려고 지금까지 그 일을 해 온 것은 아니지. 사람들이 그런다고 해서 내가 한 일이 달라지지는 않아. 내 나라를 위해 중요한 일을 했으면 그 걸로 된 거야.『직지』의 진실을 밝혀냈잖아.'

그 한참 뒤, 1986년의 일이다. 한국의 대통령이 프랑스 대통령을 만나러 갔다. 외교적으로 부탁할 일이 있었던 한국 대통령은 엘리제궁을 들어갈 때, 프랑스가 한국의 부탁을 들어주지 않을 것 같아 마음이 무척 무거웠다고 한다.

그러나 뜻밖에도 프랑스 대통령은 한국 대통령을 아주 반갑게 맞아 주었다. 프랑스 대통령은 대뜸 한국 대통령 앞에『직지』영인본을 내놓았다.

"이렇게 훌륭한 문화를 가진 나라의 대통령을 만나게 되어 반갑습니다." 하고 경의를 표했다. 물론, 한국이 부탁한 외교 문제도 쉽게 해결되었다.

한국 대통령은 전혀 생각지도 못했던『직지』의 외교적 힘에 무척 놀라고 감동했다. 문화유산 하나가 그 나라의 격을 높이는

데 얼마나 큰 힘이 되는지를 절실하게 깨달았던 것이다. 대통령은 한국으로 돌아오자마자 『직지』가 만들어진 청주의 흥덕사 터에 '고인쇄박물관'을 설립하도록 했고, 길이길이 한국의 위대한 유산인 『직지』를 기념하도록 했다.

『직지』의 나라 한국에서는 1999년 9월, 박병선에게 은관문화훈장을 수여했고, 『직지』의 고장 청주에서는 박병선에게 명예시민증을 수여했다. 이후 2001년 9월 4일에는 『직지』가 유네스코 세계기록유산에 등재되는 쾌거를 이루었다. 한국 사람들은 『직지』를 고증해 내어 세계에 알린 박병선을 '직지 대모'라 부르게 되었다.

박병선은 뒷날 『직지』를 고증하기 위하여 연구했던 결과를 모아 2002년에서 2006년에 걸쳐 『한국의 인쇄』라는 책을 집필했다. 이 책은 한국어, 영어, 스페인어, 프랑스어로 출판되어 한국의 인쇄술을 세계에 널리 알리는 역할을 하기도 했다.

〖 직지심체요절 〗

『직지』는 누가 만들었나?

　　『직지』의 원래 이름은 『백운화상초록불조직지심체요절』인데 줄여서 『직지심체요절』 또는 『직지』로 부르기도 한다. 고려 말의 승려였던 백운화상(1298~1374)이 1372년에 성불산 성불사에서 상·하 두 권으로 『직지』를 편집하여 저술했는데 책 제목을 하나하나 풀어보면 『직지』가 어떤 책인지 잘 알 수 있다.

백운화상	초록	불조직지심체요절
'백운' 이라는 법명을 가진 승려가	가려 뽑아 적었다.	부처와 유명한 승려들의 가르침을 깨닫는데 핵심이 되는 중요한 부분을

『직지』는 어떤 내용을 담고 있을까?

　　부처와 역대 고승들의 법어, 대화, 편지 등에서 중요한 내용을 뽑아 편찬된 『직지』는 '참선을 통하여 사람의 마음을 바르게 볼 때, 그 마음의 본성이 곧 부처의 마음임을 깨닫게 된다는 것'을 중심 주제로 다루고 있다.

『직지』가 만들어진 배경은?

　　고려시대의 불교는 나라에서 정한 종교여서 백성들 사이에서 널리 퍼져 있었다. 그러나 고려 후기에 이르자, 승려들이 수행보다 돈과 권력에 가까워져 불교계가 어지럽게 되어 갔다. 이 때 몇몇 승려들이 불교계를 개혁하려고 애썼으며, 그 과정에서 『직지』가 만들어졌을 것이라 추정된다.

『직지』는 금속활자로만 인쇄되었나?

아니다. 『직지』는 금속활자뿐만 아니라 목판으로도 인쇄되었다. 또 직접 손으로 쓴 필사본으로도 남아 있다.

금속활자 인쇄본 1377년에 청주 흥덕사에서 백운화상의 제자인 승려 달잠, 석찬이 금속활자로 인쇄하여 상, 하 2권으로 간행하였다. 현재 상권은 전해지지 않으며, 첫째 장이 떨어져 나가고 없는 하권 1책만이 프랑스국립도서관 동양문헌실에 소장되어 있다.

목판 인쇄본 목판 인쇄본 『직지』는 1378년(고려 우왕 4년) 6월 여주 취암사에서 간행되었다. 현재 한국정신문화연구원 장서각, 국립중앙도서관, 영광 불갑사에 소장되어 있으며, 금속활자 인쇄본만으로는 알 수 없는 체제나 내용을 목판 인쇄본을 통해서 알 수 있다.

필사본 손으로 직접 쓴 필사본은 흥덕사에서 간행된 금속활자 인쇄본 『직지』 하권을 필사한 책과 취암사에서 간행된 목판본을 필사한 책이 전해진다. 두 권 모두 조선시대에 필사한 것으로 불교를 억압하고 유교를 숭상했던 조선시대에도 『직지』가 읽히고 있었음을 알 수 있다.

유네스코 세계기록유산이 된 『직지』

2001년 9월 4일, 『직지』가 유네스코 세계기록유산으로 등재되었다. 1377년에 인쇄된 가장 오래된 금속활자본이라는 점과 현재 세계에서 단 한 권밖에 없다는 점을 인정받은 것이다.

드디어 외규장각 의궤를 찾다

『직지』를 세계에 알린 기쁨도 잠시, 박병선은 또 다른 일에 마음이 급해졌다. 바로 조선왕실 외규장각 의궤를 찾는 일이었다.

하루도 조국을 잊지 않았던 것처럼, 이병도 스승의 당부 역시 잊지 않고 살아왔다.

"프랑스에 빼앗긴 우리의 외규장각 의궤를 찾아봐라. 너는 우리나라의 역사학도다."

박병선은 다시 다짐했다.

"네, 선생님. 저에게 힘을 주세요."

박병선은 도서관 사람들이나 알 만한 사람들을 만나면 언제나 물었다.

"1866년 프랑스에게 빼앗긴 한국의 왕실 도서를 찾고 있어요. 혹시 비슷한 책을 본 적이 있습니까?"

프랑스 사람들은 그 당시에 자기 나라가 한국에 쳐들어간 사실조차도 모르는데, 하물며 그런 책에 대해 알고 있을 리가 없었다.

"혹시 비슷한 책이라도 보게 되면 나에게 꼭 말해 주세요."

박병선은 한 가닥의 실오라기라도 잡으려는 마음으로 사람들에게 간절히 부탁을 했다.

그러던 어느 날, 박병선은 해군성 고문서 도서대장에서 반가운 기록을 발견했다.

'1866년 한국 강화도에서 책 345권을 기증받아 가져왔다.'는 내용이었다. 박병선의 가슴이 뛰었다.

'맞았어. 1866년에 강화도에서 가져온 책이라면 외규장각에서 가져왔다는 것인데, 이것은 의궤에 대한 기록이 분명해. 의

궤가 프랑스로 들어온 게 확실해졌구나.'

드디어 또렷한 희망이 보이기 시작했다. 프랑스로 들어왔다는 확실한 근거가 생겼으니 예전보다 훨씬 확신을 가지고 의궤를 찾아다닐 수 있었다. 박병선은 쉼 없이 의궤를 찾고 또 찾았다.

그러나 어찌된 일인지, 기록은 확실히 있는데 실체는 나타나지 않았다.

'이 나라로 가져왔으니, 어딘가에 분명히 있을 텐데……. 왜 안 나타나는 거지? 혹시라도 전쟁 때 다른 나라에 뺏겼든지, 불에 타서 없어져 버린 것은 아닐까?'

쉬지 않고 외규장각 의궤를 찾으면서도, 한편으로는 불안한 생각이 들기도 했다.

1977년, 한국을 떠나온 지 22년이 흘렀다.

외규장각 의궤를 찾고 또 찾으면서 하루하루 날들이 지나갔다. 『직지』를 고증해 낸 뒤로도 5년이라는 시간이 더 흘렀다.

박병선은 여느 날과 다름없이 힘겨운 몸을 이끌고 서고를 뒤지고 있었다.

등잔 밑이 어둡다고 했던가? 도서관 직원 한 사람이 대수롭지 않게 한마디 했다.

"박병선 씨, 예전에 말했던 그 책 말예요. 아직도 찾고 있어요?"

"네. 혹시, 뭘 봤나요?"

박병선의 눈은 기대로 가득 찼다.

"베르사유에 있는 국립도서관 별관에 가 봐요. 고문서 파손창고에서 한자로 된 책들이 잔뜩 있는 걸 봤어요."

"정말이요?"

박병선은 곧 바로 베르사유 고문서 창고로 달려갔다.

'그 책들이 맞을까? 아닐 수도 있어. 그렇다고 너무 실망하지는 말자.'

박병선은 기대에 부푼 마음을 애써 다스리려고 했지만, 몸이 저절로 바람처럼 베르사유로 달려가고 있었다.

프랑스국립도서관 베르사유 별관. 파손이 되었거나 파기 처분할 책들을 모아 놓은 창고에는 두꺼운 먼지가 가득했고, 퀴퀴한 냄새가 진동을 했다.

박병선은 마음을 가다듬으며 창고 안으로 천천히 들어갔다.

'여기 있다는 그 한자 책들이 내가 찾는 의궤가 맞을까?'

중국책들이라고 분류해 놓은 곳까지 다가갔다. 한쪽부터 책들을 차근차근 뒤지기 시작했다. 한 권이라도 그냥 지나치지 않으려고 손짓 하나하나가 조심스러웠다.

그때, 먼지에 쌓인 푸른빛 책들 한 무더기가 박병선의 눈에 들어왔다. 한 발자국 한 발자국 천천히 그 앞으로 다가섰다. 가슴이 뛰기 시작했다. 책을 한 권 뽑아 든 손 끝이 떨려 왔다.

책의 폭은 40~50cm 정도 크기로 보통 책들의 두세 배쯤 되었다. 표지는 상한 상태로 그다지 깨끗하지 않았고 몇 권은 좀까지 슬어 있었다.

박병선의 눈동자가 크게 열렸다.

'혹시 이 책들이 내가 찾던 의궤일까?'

푸른빛을 띤 오래돼 보이는 비단 표지는 먼지에 덮여 있어도 빛깔이 은은하고 의연했다.

'이 책이 의궤라면 얼마나 좋을까?'

심장이 크게 뛰며 숨이 가빠 왔다.

표지에는 제목인 듯한 한문 글자가 먹으로 쓰여 있었다. 천천히 읽어 보았다.

『復勳都監儀軌』 복훈도감의궤

『奮武錄勳都監儀軌』 구무록훈도감의궤

『孝純賢嬪禮葬都監儀軌』 효순현빈예장도감의궤

"의궤! 의궤라고?"

박병선은 '의궤'라고 쓰인 글자를 뚫어져라 들여다보았다. 책 표지를 조심조심 들춰 보았다. 책을 펼치자 먹 향기가 코로 가득 들어오며 박병선의 온 몸에 소름이 돋았다.

머릿속이 아련해졌다.

다시 마음을 가다듬으며 책 속을 찬찬히 살펴보았다. 속지는 비교적 상태가 잘 보존되어 있었고, 군데군데 얼룩이 져 있기도 했다. 먹이 묻은 곳만큼은 좀이 전혀 슬지 않았다. 붓으로 쓰여 있는 글씨체는 손으로 썼다고 믿어지지 않을 만큼 명확하고 반듯했다. 먹과 물감으로 정교하게 그려진 형형색색의 그림들이 살아서 꿈틀대는 듯 단아하고 아름다웠다.

　전통 옷을 입은 옛 조선 사람들의 모습이나, 여러 가지 행사나 행렬의 모습, 풍경이나 궁궐, 여러 건축물들이 어느 하나 소홀한 부분이 없이 세밀하게 그려져 있고, 아름다운 색으로 곱게 칠해져 있었다.

　글자나 그림이 다른 의궤들에 비교할 수 없을 만큼 정교하고 고급스러웠다. 제본이나 책의 제작 기법도 그 옛날 어떤 책에도 뒤지지 않아 보이는 최고의 것이었다.

　다른 책들도 더 꺼내 보았다. 역시 하나 하나 아름답고 완벽하기 그지없었다. 외규장각에 보관되었던 의궤들은 왕이 보기 위해 특별히 만들어진 어람용 책이었으니, 다른 책들에 비교할 수 없을 만큼 완벽하고 훌륭하게 제작된 것이 분명했다.

　'그래. 바로 내가 찾던 외규장각 의궤야!'

　한참을 넋을 잃은 듯 책들을 뒤적이던 박병선의 가슴이 벅차올랐다.

　'기대했던 것보다 훨씬 대단하다. 정말 대단해. 이게 꿈은 아

니겠지?'

온 몸에 전율이 일어났다.

감격의 덩어리가 묵직하게 차고 올라와 목이 메었다. 눈물이 자꾸만 흘렀다. 한참 동안 그렇게 외규장각 의궤들 속에 파묻혀 하나하나 품에 안고 살살 어루만졌다.

20여 년 전 들었던 스승의 목소리가 바로 가까이 귓가에서 들리는 것 같았다.

"드디어 찾았구나. 병선아, 장하다! 대한의 딸아."

박병선은 목이 메인 소리로 울먹거렸다.

"선생님, 보세요. 찾았어요. 선생님도 기쁘시죠?"

박병선은 선생님이 보고 싶어 몇 번이고 불러보았다.

"이병도 선생님······."

박병선은 외규장각 의궤를 어루만지고 들춰 보면서 그 자리에서 떠날 줄을 몰랐다.

이렇게 조선왕실 외규장각 의궤 297권이 박병선의 눈앞에 모습을 드러냈다.

외규장각 의궤는 1866년 강화도에서 프랑스군에 의해 약탈당

해 고국을 떠난 뒤, 프랑스국립도서관의 어두운 창고에서 한 세기가 넘도록 묻혀 있었다. 그러는 동안 도서관 책 목록에서도 찾아볼 수 없는 이름 없는 책이 되었고, 세상에 남겨질 가치도 없는 파기처분 직전의 폐품꾸러미로 취급되고 있었다. 110년 동안의 오랜 유배였다.

1977년, 외규장각 의궤는 다시 살아났다.

한국의 아름다운 애국자 박병선에 의해 세상의 빛 가운데로 나오게 된 것이다.

《 조선왕실 의궤 》

'의궤'란?

조선왕조는 탄생, 결혼, 장례와 같이 왕의 일생과 관련된 행사, 각종 제례에 관련된 행사, 편찬 사업이나 건축과 관련된 일 등을 할 때 준비 단계나 실행, 마무리 등의 모든 과정을 보고서 형식으로 꼼꼼하게 기록해서 책으로 만들었다. 그리고 '의궤儀軌거동 의 軌바퀴자국 궤'라고 불렀는데, 이는 바로 '의식의 모범이 되는 책'이라는 뜻이다.

의궤는 왜 만들었을까?

유교 국가인 조선은 예절과 규범을 엄격히 지키는 나라였다. 그러다보니 어떤 행사를 하더라도 얼마나 예를 갖추느냐 하는 것이 중요한 부분이 되어 갔다. 비슷한 의식이나 행사들이 많은 궁중에서는 모범적인 예를 만들어 다음 행사를 준비하는 사람들이 법도에 맞게 의례를 치르도록 하기 위해 의궤를 만들었다. 더불어 행사의 모든 과정을 적어 두면 이를 참고하여 시행착오를 겪지 않게 하는 좋은 점도 있을 터였다.

의궤는 언제 만들어졌나?

의궤는 고려시대에는 없었던 조선왕실만의 기록 문화라는 특이한 배경을 가지고 있다. 조선을 건국한 태조 때부터 순종황제가 사망한 1926년까지 만들어졌는데 오늘날까지 남아 있는 의궤는 모두 임진왜란(1592) 이후의 것이다. 17세기 이후부터 꾸준히 제작되어 숙종, 영조, 정조시대인 18세기에 이르러서는 그 숫자와 종류가 더욱 늘어나게 되었다.

의궤는 누가 만들었을까?

어느 곳이나 그렇지만 왕실에서도 매일 행사를 하지는 않았다. 그래서 행사가 다가오면 '도감'이라는 기구를 임시로 만들어 의궤 제작을 포함한 행사 전반을 진행하게 했다. 도감은 임시로 설치하였기 때문에 다른 업무와 겸하는 경우가 많았는데, 도감의 총책임자를 '도제조'라고 하였다. 도제조는 정승급에서 임명되었다. 그 아래로 판서급 3~4명이 부책임자인 '제조'를 맡았고 또 그들을 돕는 사람들이 분야별로 뽑혀 행사의 진행을 맡았다.

그리고 모든 과정을 날짜 순으로 정리한 후, 행사가 끝나면 왕이 보는 어람용 의궤 1부와 여러 곳에 나누어 보관하는 분상용 의궤 5~9부를 만들어야 비로소 도감의 임무가 완전히 끝이 났다.

어람용 의궤

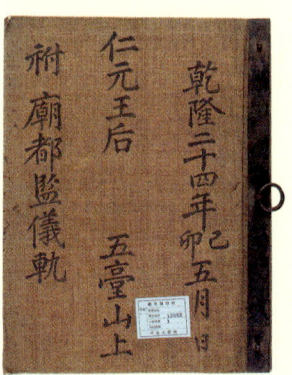

분상용 의궤

의궤의 가장 큰 특징은 각종 기물, 복식 그림, 반차도 등 글만으로는 알 수 없는 여러 상황들을 그림으로 자세하게 그려 놓았다는 점이다. 이런 그림은 나라에 속한 화가인 '화원'이 그린 것이니만큼 그 수준이 아주 높은데, 특히 사람이 차례로 늘어선 그림인 반차도는 의궤의 꽃이라고도 할 수 있을 만큼 아름답다.

의궤는 어디에 보관했나?

어람용 의궤는 정조가 만든 규장각에 보관되었고, 분상용 의궤는 행사 관련 부서와 지방의 사고(史역사 사 庫창고 고)에 나뉘어 보관되었다. 그러다 1782년에 강화도에 외규장각을 만들어 왕실의 중요한 자료들을 그곳으로 옮겼는데, 어람용 의궤 역시 이때 외규장각으로 옮겨지게 되었다. 고려시대 때 몽고의 침입, 조선시대의 정묘호란 등을 겪으며 강화도는 국방상의 가장 안전한 지역으로 여겨졌기 때문이다.

외규장각 의궤가 왜 프랑스에 있었나?

1866년에 외규장각이 있는 강화도에 프랑스 해군이 침입했는데, 이는 조선이 프랑스인 천주교 선교사 9명을 처형한 것에 대한 보복 원정이었다. 거의 1개월 동안의 전투에서 수세에 몰린 프랑스 해군은 모든 관아에 불을 지르고 은괴 19상자, 대리석판, 왕실사료 필사본 등을 가지고 돌아갔는데, 이 중에 필사본 297권의 의궤가 프랑스국립도서관으로 보내졌다.

프랑스에서 돌아온 297권의 외규장각 의궤는 어떤 것인가?

297권 중에 무려 290권이 어람용이고, 분상용은 7권에 불과하다. 어람용과 분상용이 똑같은 행사를 대상으로 만들어졌기 때문에 내용면에서 다른 것은 아니다. 그러나 어람용과 분상용은 사용한 종이나 표지의 재료, 서체나 그림의 수준 등에서 큰 차이를 보이고 있다. 특히 어람용에 쓰인 초주지라는 종이는 오늘날에도 만들기 힘든 아주 질이 좋은 종이이다.

무엇보다 한국에는 없는 유일한 의궤가 58권이나 포함되어 있어, 지금까지 잘 알려지지 않았던 당시 조선의 사회, 정치, 경제생활의 여러 면들에 대해 알려주는 사료적 측면에서도 크게 평가되고 있다.

의궤가 우리에게 주는 가치는 무엇일까?

어떤 의궤라 하더라도 그 내용을 살펴보면 방대하면서도 꼼꼼한 자료가 너무도 잘 정리되어 있어 보는 사람마다 놀랄 정도라고 한다. 조선왕조의 주요 의식을 그림과 글을 이용해 체계적으로 담고 있는 의궤는 전 세계적으로 유례를 찾아볼 수 없는 기록물이다. 그 가치를 인정받아 2007년 6월 제8차 유네스코 세계기록유산으로 등재되기도 했다.

'기록' 이야말로 지난 역사를 다시 볼 수 있게 만드는 최고의 열쇠이다. 또한 이런 기록을 남길 수 있는 문화는 아주 높은 수준이라고 인정됨은 물론이다. 그러므로 의궤는 우리들에게 문화적 자긍심을 일깨워 주고 키워 나가게끔 이끌어 주는 최고의 유산인 것이다.

9 프랑스는 외규장각 의궤를 한국에 돌려주어야 한다

프랑스국립도서관은, 박병선이라는 한 연구원 덕분에 큰 경사를 맞이했다.

도서관 입장에서는 파기될 뻔한 중요한 문화유산을 찾아서 지켜냈고, 그것을 도서관에 소장하고 있었기 때문에 도서관 자체는 귀중한 자료를 가지고 있다는 사실로도 큰 업적을 갖게 된 셈이었다.

프랑스국립도서관은 박병선의 인내로 얻은 성과를 함께 기뻐해 주고 격려해 주었다.

1979년, 박병선은 한국에 이 사실을 알렸다.

'구체적인 내용은 아직 잘 모르지만 병인양요 때 약탈된 우리의 조선왕실 외규장각 의궤들이 지금 프랑스국립도서관에 있다.'고. 제목을 종류별로 모두 정리해서 한국 기자들에게 보냈다. 한국 신문은 이 사실을 크게 보도했다.

'프랑스국립도서관에 근무하고 있던 박병선 씨는 파손도서 창고에서 191종 297권의 외규장각 도서를 발견했다.'

이때, 프랑스국립도서관 사서과장은 한국 신문 기사를 번역해서 살펴보고는 박병선에게 의문을 제기했다. 한국 신문 기사에 실린 '발견'이라는 단어 때문이었다.

"발견했다니요? 당신이 외규장각 의궤를 처음 발견한 것처럼 쓰였군요. 이 책은 예전에 서지학자 모리스 꾸랑이 발표한 목록에 적혀 있었던 책 아닙니까? 그런데 당신이 발견했다고 하면 됩니까?"

프랑스국립도서관은 박병선이 외규장각 의궤를 찾고 나자, 곧바로 이 책에 대한 조사에 들어갔다. 그러나 그 당시의 도서관 도서목록이나, 문서 대장이나, 어디에도 외규장각 의궤에 대한 기록을 찾아볼 수 없었다.

다만, 모리스 꾸랑이 1901년에 저술한 『조선서지』 보유판에 게재되었던 사실만 알아낼 수 있을 뿐이었다. 『직지』가 그렇게 올라가 있었듯이, 외규장각 의궤들도 책 제목과 왕립도서관에 있다는 사실만 간단히 기록되었던 상황이었다. 모리스 꾸랑은 외규장각 의궤가 무슨 책인지 잘 알지 못했고 책에 대한 명확한 내용이나 구체적인 설명도 없이, 다만 책 제목과 크기 정도만 기록해 두었던 것이다. 모리스 꾸랑이란 서지학자에게 외규장각 의궤는 특별한 의미가 있는 책이 아니었고 그저 수많은 다른

보유판 모자라는 내용을 보태어 채워 넣은 판.

고서들 중에 하나였을 뿐이었으니 간단한 기록만 남긴 게 당연한 일이었을지 모른다.

게다가, 모리스 꾸랑이 기록했던 목록마저 분실된 상태여서 그마저도 확인할 방법이 없었다. 그러니 외규장각 의궤들이 모리스 꾸랑의 눈에 띈 이후, 그 다음에 어디로 옮겨져서 어디에 가 있는지 아무런 근거가 남아 있지 않은 상태였다. 외규장각 의궤는 그렇게 사라졌다가 박병선에 의해 다시 세상에 나오게 된 것이다.

박병선은 사서과장의 오해를 풀어야 했다.

"내가 발견했다고 하지 않았습니다. 이 책이 어디에 있고, 그 제목이 무엇이다라는 사실만 알렸을 뿐, 더 이상 구체적인 언급은 하지도 않았습니다. 번역 상 오해가 있는 것 같아요."

"번역에 무슨 문제가 있다는 말입니까?"

박병선은 차근차근 설명했다.

"똑같은 말 한마디라도 어떻게 해석하느냐에 따라 다르게 이해될 수 있지 않습니까? 한국에서 쓰는 '발견'이라는 단어는 여러 가지 뜻으로 해석될 수 있는데, 프랑스어로 꼭 집어서 그렇게 해석하니, 오해가 생긴 게 아니겠습니까?"

그렇게 설명을 해도 프랑스국립도서관 사서과장은 이해하려 하지 않았다.

박병선은 오해를 받기 싫어 한국 기자들에게 '발견'이란 단어를 '고증'이라고 수정기사를 내 줄 것을 요청했다. 하지만 이미 기사가 난 뒤라는 시간의 어려움도 있었고, 결국 한국의 기자들은 박병선의 난처한 입장에 대해 잘 이해하지 못해 수정 요청을 들어 주지 않았다.

이 일로 박병선은 프랑스국립도서관에 크게 신임을 잃고 한동안 시달리게 되었다. 아무리 해명을 해도 소용없었다.

그런 중에도 박병선은 더 중요한 문제로 마음이 급해졌다. 어렵게 찾은 외규장각 의궤를 하루라도 빨리 한국이 돌려받아야 한다는 생각 때문이었다.

잘 알고 지내는 사람 중에 프랑스 기관에서 일하는 사람이 있어, 그 사람에게 의논해 보았다.

"외규장각 의궤가 한국으로 돌아가게 하고 싶어요. 좋은 방법이 없을까요?"

"프랑스국립도서관에 외규장각 의궤가 기증되었다는 말 한 마디만 기록되어 있지 다른 기록은 전혀 없으니, 반환을 추진하려면 지금 해야 할 것입니다. 시간이 지체되면 어려워질 겁니다."

박병선은 서둘러 한국 정부에 편지를 보냈다.

"지금 우리의 외규장각 의궤가 프랑스국립도서관 창고에서 파기할 책으로 취급되어 파기처분을 기다리고 있는 상황입니다. 도서관 목록에 올라가 있지도 않고 대장에도 기록된 것이 없습니다. 외규장각 의궤가 프랑스 측에 중요한 책으로 인식이 되면, 그때는 반환을 안 해 주려 할지 모릅니다. 그러니 바로 지금이 반환을 요청할 적절한 시기라고 생각합니다. 한 시라도 빨리 반환요청을 해 주시기 바랍니다."

하지만 한국으로부터 아무런 대답도 오지 않았다.

'이 때를 놓치면 안 되는데……'

박병선은 안타까운 마음으로 기다리는 수밖에 없었다. 당시 한국에서는 외규장각 의궤에 잠깐 관심을 갖는 듯하더니 시들

해졌다. 그 뒤로 10년이 지난 뒤 박병선의 의궤 해제작업이 완료되어 책으로 나오고 반환 운동이 일어나자, 그때서야 관심을 가지게 되었다.

외규장각 의궤가 한국으로 돌아갈 일이 막연해지자 박병선은 기운이 많이 빠져 갔다.

그 즈음, 프랑스국립도서관은 외규장각 의궤라는 책이 어떤 책인지, 얼마나 중요한 책인지 알게 되었고 그간의 입장을 바꿔 소중히 다루려고 했다. 그동안 함부로 처박아 두어 훼손이 된 외규장각 의궤를 서둘러 수선하기 시작했다.

박병선은 외규장각 의궤가 깨끗하게 단장될 모습을 상상하며 잔뜩 기대에 부풀었다. 드디어 기다리던 외규장각 의궤가 수선을 마치고 돌아오는 날이었다.

종이에 잘 싸여진 상태로 도서관에 도착한 외규장각 의궤를 가장 먼저 맞이한 박병선은 설레는 마음으로 포장을 풀어 확인하게 되었다.

표지를 들춰 보고 책장을 넘기자 다시 한 번 외규장각 의궤를 찾은 감격이 밀려왔다.

그런데, 나쁜 일이 일어났다. 수선을 하는 사이에 누군가가 의궤에 있는 그림 한 장을 면도칼로 오려 간 것이다. 오려 낸 나머지 부분이 그대로 남겨진 채 훼손되어 있었다. 박병선은 이 사실을 얼른 도서관에 알렸다.

도서관 측은 당황했다. 수선을 하러 보낸 책이 훼손되어 돌아온 것은 도서관의 명백한 실수였고, 이 일로 프랑스국립도서관이 국제적 망신을 당하게 될까 두려워하는 듯했다. 그리고 무엇보다 한국대사관에서 이 사실을 알면 문제 제기를 하게 될까봐 무척 신경을 쓰는 것 같았는데, 특히 박병선이 이 사실을 알고 있다는 것을 불안해 했다.

이런 저런 이유로 도서관 측에서는 박병선의 존재를 무척 껄끄러워 하게 되었고, 여기에 자신들의 잘못이 드러날까봐 아예 입을 막으려는 듯 노골적으로 핍박을 가하기 시작했다. 외규장각 의궤의 존재를 외부에 알린 박병선을, 마치 비밀정보를 드러낸 반역자 취급을 했다. 박병선은 아무리 생각해도 이해할 수가 없는 일이었다.

'도서관의 책은 누구든지 보라고 있는 것이고, 자료들은 될 수 있는 대로 공개하고 홍보를 해서라도 많은 사람들이 보도록 하는 것이 도서관의 임무인데 왜, 그 책이 있다는 사실을 공개한 것만으로 이렇게 나쁜 사람, 반역자 취급을 받아야 하는가?'

그리고 더 이해할 수 없는 점은, 외규장각 의궤는 그때까지 도서관의 도서대장이나 목록에 조차 올라가 있지 않았고 파기하려고까지 하며 홀대를 받았던 책이었다는 점이다. 그런데 어느 날 갑자기 외규장각 의궤의 존재가 도서관의 비밀이었다고 하면서, 그 비밀을 누설했다고 억지를 부리는 것은 정말 어이가 없었다.

오래전부터 박병선이 외규장각 의궤를 찾고 있었다는 것은 도서관 직원들이라면 이미 다 알고 있었고, 도서관 측에서는 별다른 주의를 기울이지도 않았다. 그 책을 찾으면 먼저 도서관에 알리라거나, 의논하자고 한 적조차도 없던 터였다. 그러니 박병선은 외규장각 의궤의 존재를 외부에 알리는 것이 아무 문제없을 것이라고 자연스럽게 생각했던 것이다.

그러나 그렇게 쉽게 끝날 일이 아니었다. 도서관과의 관계는 그 정도에서 그치지 않았다.

절친한 도서관 동료가 걱정스럽게 물어왔다.

"병선, 그 책에 대한 일로 관장이 무척 화가 났어."

"그래, 알고 있어."

"관장에게 찾아가서 사과를 하는 게 어때?"

"잘못한 게 없는데 사과를 왜?"

"네 입장이 좋지 않아. 일을 그만두라고 할지도 몰라."

"난 잘못한 게 없어."

친한 동료는 안타까운 얼굴로 말했다.

"그러지 말고. 지금이라도 이 일에 대해서 더 이상 나서지 말고, 그냥 조용히 있으면 안 되겠니? 사람들이 그 책에 대해서 다 잊어버리고 나면 그냥 없었던 일처럼 될 거야. 관장도 네가 사과를 하면 그냥 넘어가 줄지도 모르잖아? 잘 생각해 봐. 이렇게 안정되고 좋은 직장을 어디서 또 구할 수 있겠어. 그리고 너는 도서관에서 근무하는 걸 무엇보다도 행복해 하고 좋아하잖아. 네가 이 일을 하지 못하게 되면 정말 슬플 거야. 안 그래?"

그러나 박병선은 조금도 주저하지 않았다.

'도서관 일을 못하게 되면 많이 아쉽겠지. 하지만 괜찮아. 내가 한 일에 대해서는 조금도 부끄럽지 않으니까, 당장 나가라고 해도 겁나지 않아.'

십 년이 넘는 동안 친하게 지내 왔던 도서관의 직원들이 하루아침에 낯빛을 바꿨다.

박병선이 친했던 동료를 보고 인사를 했다.

"잘 지내요?"

그러나 그 동료는 싹 돌아서더니 딴 길로 가고는 했다. 박병선은 너무 가슴이 아팠다.

그 뒤 도서관 측은 박병선을 감시하기까지 했다. 박병선은 무척 힘들었다. 그렇게 서로 믿고 아껴 주던 한 사람 한 사람들의 냉대를 겪는 일은 가슴을 헤집는 것처럼 아프기만 했다.

한편, 박병선은 프랑스 방송국의 초대를 받았다. 국립도서관의 한 직원이 백 년도 넘은 고서들을 찾아냈는데, 이 책은 문화유산으로서 매우 중요한 가치를 가진 책이다. 이런 대단한 일을 한 사람을 만나 이야기를 들어 보자는 취지였다.

박병선은 방송국에 나가서 인터뷰에 응했다. 인터뷰를 하면서 박병선은 강조했다.

"조선왕실 외규장각 의궤라는 책은 원래의 나라, 한국으로 돌아가야 마땅합니다. 프랑스 국민들도 협조해 주시고 응원해 주시길 바랍니다." 하고 당부했다.

그 때, 인터뷰를 하던 아나운서가 그 자리에서 제안을 했다.

"프랑스 국민들에게 외규장각 의궤라는 책에 대해서 알려 주시면 어떻겠어요? 이 책이 어느 나라의 어떤 책이며, 어떻게 해서 프랑스로 오게 된 것인지 알려 주세요. 프랑스 국민들에게 홍보가 되면 그 책이 한국으로 돌아가는데 도움이 되어 줄 수도 있을 테니까요."

후에 박병선은 프랑스인을 대상으로 『병인년, 프랑스가 조선을 침노하다』라는 책을 쓰게 되는데, 이 책에는 외규장각 의궤 반환 운동을 할 때 한국에서 준비했던 자료들이 다음과 같이 실렸다.

한국이 프랑스에 조선왕실사료 반환을 요구하는 논거

병인양요가 일어난 지 약 150년이 지난 지금도 로즈 제독이 프랑스로 가져간 서적과 물품 반환문제는 여전히 남아 있다. 이러한 행위를 저지른 데 대해서는 어떠한 정당성도 없으며, 이를 국가적 약탈 및 절도 행위와 동일시할 수 있다는 사실을 고려하면 대한민국은 역사적, 문화적 가치뿐만 아니라 정당한 소유권을 기반으로 하여 자국의 문화재 반환을 요구할 수 있다.

1 한국인들은 자국의 역사가 수많은 외국의 침략으로 점철되어 있는 만큼 자신들이 보존해 온 문화에 대해서는 커다란 자부심을 갖고 있다. 19세기 후반의 사건들(로즈 제독의 원정도 그 중의 하나)과 20세기 전반기에 있었던 일제의 식민통치로 인해 한국은 자국의 존엄성을 해치는 모든 행위에 대해서는 특히 민감하다. 따라서 현재 한국은 외국에 빼앗겼거나 유출된 자국의 문화유산들의 회수를 중요한 우선 과제로 삼고 있다.

2 한국이 반환을 요구하는 대상은 바로 조선왕조의 왕실사료들이다. 여기에는 왕실의전과 궁궐의 정비 및 재건에 관한 정보가 들어 있다. 이 사료는 역사적 가치뿐만 아니라 특히 상징적인 가치도 갖고 있다. 1866년 프랑스군의 조선 원정 당시 이 문서들이 약탈당한 사실은 한국인들에게는 국가의 존엄성이 능욕 당했다는 수치심을 배가시킨다. 프랑스군이 강화를 함락했을 당시 고위 관료를 지낸 조선인 문신 형

제가 왕실사료를 지키지 못했다는 양심의 가책으로 자결한 사건은 한국인들의 감정을 보여 주는 하나의 사례다.

3 이 왕실사료들은 조선 왕 정조의 명에 따라 강화도에 세워진, 왕립도서관의 부속 서고인 외규장각에 보관되어 있었다. 정조는 백성들로 하여금 자국 문화를 소중히 여기고 그 가치를 높이도록 장려한 양식 있는 왕이었다.

그는 백성들에게 가까이 다가가기 위해 서울의 남쪽 수원에 있는 부모 묘소를 자주 찾아갔다. 묘소로 가는 도중에 그는 백성들의 의견을 묻고, 그들의 고민거리를 듣기 위해 행렬을 멈추게 하는 등 백성들에게 많은 사랑과 존경을 받은 왕이었다. 그의 정치는 왕이 백성에게 가까이 다가가는 것이었다. 정조가 강화도에 왕립도서관(규장각)의 부속 서고인 외규장각을 설치한 것은 이러한 새로운 정치이념을 잘 보여 주는 것이었다. 그렇기 때문에 한국 역사학계는 왕실사료의 반환이 절대적으로 필요한 일이라고 여기는 것이다.

4 프랑스 해군이 이 사료들을 가져간 방식은 한국의 일반 대중으로부터 거센 항의를 불러일으켰다. 프랑스군의 강화도 침입 당시, 외규장각에는 약 5천 권의 서적이 있었다. 로즈 제독은 그 중에서 340권을 가지고 갔다. 이 책들이 귀한 재질로 장정이 된 데에 이끌려 선택한 것이었다. 나머지는 프랑스군의 방화로 주변 여러 건물과 함께 모두 소실

되었다. 불타서 없어진 서적들 가운데에는 역사적 가치가 큰 유일본들도 136종 235권이나 있었다. 프랑스군이 약탈해 간 서적들에 대해 한국인들이 반환을 요구하기 시작한 것은 로즈 제독이 당시의 해군성 장관에게 보낸 편지가 발견되었을 때로 거슬러 올라간다. 한국인들이 야만적인 행동이라고 여기고 있는 로즈 제독의 강화도 점령은 프랑스가 이 서적들을 반환해야만 용서받을 수 있을 것이다.

5 한국인들은 로즈 제독이 197,236.36프랑 가치의 은괴 상자를 가져간 사실도 알고 있다. 그러나 이 은에 대한 환불보다는 서적들의 반환을 더 중요하게 여기고 있다. 한국인들의 문화유산에 대한 애착은 다른 어떤 경제적 이익보다 우선한다. 1993년, 프랑수아 미테랑 프랑스 대통령의 방한을 계기로 양국 정상회담이 이루어졌다. 약탈당한 서적들의 반환문제가 그때 제기되었는데, 한국인들은 그 문제를 프랑스 TGV 구매와 전혀 연관 짓지 않았다.

그때까지 한국인들은 프랑스를 문화적으로 풍요로운 국가라고 여기고 있어서 이 일이 양국 간 친선관계를 새롭게 할 수 있을 것이라고 기대하며 이 문제를 논의하는데 있어서 경제적 문제가 연결되는 것을 원하지 않았다. 그러나 결국 한국은 이 회담에서 아무것도 얻지 못했고, 한국인들은 프랑스의 외교적 술수에 속았다는 감정을 지니게 되었다. 모든 외교의 목적이 양국 간 친선관계를 강화하는 것이라면 한국과 프랑스간의 우호 선린관계의 심화를 위해서는 한국의 왕실사료 반환 문제에 대해 진정한 해결책을 찾아야 할 것이다.

6 로즈 제독의 명령 하에 프랑스 해군이 조선에서 행한 행동은 완전히 불법 행동이라는 사실을 프랑스 정부가 인정할 필요가 있다. 프랑스 측으로부터 공식적인 선전포고가 없었기 때문에 한국은 강화의 요새를 파괴하고 외규장각의 귀중한 서적을 탈취한 행동을 국가적 강탈 및 약탈과 동일시할 수밖에 없다.

7 조선이 왕권에 의해서 파리외방전교회(프랑스 파리 Rue du Bac 소재) 소속의 천주교 선교사들을 처형한 이후에 이루어진 프랑스군의 조선 침입은 프랑스 정부가 합법적으로 취한 행동이었을 것이라는 생각이 정당하다고 인정해서는 안 된다. 이 선교사들의 인격이 아무리 고매하고, 용기와 신앙이 아무리 존경스럽다 할지라도 이들은 자국 영토에 외국인들의 불법 입국을 금하는 조선의 국법을 잘 알고 있었으면서도 조선에 불법으로 들어온 사람들이었다.

프랑스는 법적으로 외규장각 도서의 소유주라고 주장할 수 없기 때문에 원래 소유국가에 반환하는 것이 당연하다. 한국과 프랑스 양측 협상대표들이 현명하고 열성적으로 협상에 임해서 가까운 미래에 이 까다로운 문제에 마침표를 찍게 되기를 바란다. 오늘날에는 사라졌지만, 전쟁을 권하고 가장 강한 자의 권리를 주장하는 국제정치의 흔적을 여전히 담고 있는 이 사건에서 정의가 승리하는 것을 보고 싶어 하는 모든 사람들을 기억해야 할 것이다.

박병선의 『병인년, 프랑스가 조선을 침노하다』 중에서

프랑스국립도서관 직원의 자리를 잃다

결국, 예상했던 대로 도서관 관장은 박병선을 불러 도서관을 그만두라는 통보를 했다. 박병선은 억울했지만 당당하게 도서관의 의사를 받아들였다.

1980년, 프랑스국립도서관에 몸을 담은 지 13년 만에 사직을 당하게 된 것이다. 책을 사랑하고 연구하는 일을 사랑한 사람, 박병선은 오랜 시간을 바쳐 몸담아 왔던 정든 일터를 그렇게 떠나야만 했다.

하지만 박병선은 도서관을 완전히 떠나지 않았다. 아니 떠날 수가 없었다. 도서관에서 해야 할 중요한 일이 남아 있기 때문이었다. 도서관 직원에서 도서관 이용자의 한 사람으로 입장만 바뀌었을 뿐, 날마다 도서관에 나가는 것은 변함이 없었다.

자신을 쫓아내고 외면하는 사람들이 가득한 예전 직장으로 날마다 걸음을 옮기는 게 쉽지는 않았다. 하지만 가야 했다. 그렇게 찾아 헤맸던 외규장각 의궤가 있는 도서관을 어떻게 쉽게 떠날 수 있을까?

그 즈음에 한국의 대학교에서 고국에 돌아와 학생들을 가르쳐 달라는 요청을 해 왔다. 박병선은 언제나 돌아가고 싶었던 조국에 갈 기회가 생기자 갈등이 일었다.

'조국에 돌아가 마음 편하게 학생들을 가르치면서 사는 일도 보람 있는 일일 텐데……. 이제는 그만 돌아갈까?'

다른 나라의 이방인으로 살아온 고되었던 긴 시간을 마치고 싶은 생각이 없었던 것은 아니다.

박병선은 파리 거리의 수많은 사람들 속을 거닐며 멀리 떠나온 고향 쪽 하늘을 바라보았다. 부모님과 가족들이 떠올랐다.

어린 시절 살았던 고향 마을이 눈에 아른거렸다.

나를 잊지 말아 주세요, 하던 물망초 꽃이며 손바닥을 간질이던 개망초 꽃, 수줍은 냉이 꽃, 소박한 부추 꽃이 그리웠다. 물밀듯 밀려드는 조국에 대한 그리움이 박병선의 가슴을 적셨다.

'그냥, 한국으로 돌아갈까? 지금 나에게 중요한 것이 무엇이지? 조국을 위해서 내가 해야 하는 일이 무엇인가?'

박병선은 깊이 생각하고 자신에게 절실하게 물었다.

'지금 이대로 외규장각 의궤를 놔두고 나는 돌아갈 수 있을까?'

후회 없는 선택을 해야만 했다.

'지금 돌아갈 수 없어.'

박병선의 선택은 단 한 가지였다.

'아직 끝난 게 아니야. 아직 해야 할 일이 남았잖아. 외규장각 의궤와 나는 끝까지 함께 가는 거야.'

박병선은 다시 새로이 결심을 굳혔다. 그리고 가장 먼저 해야 할 일을 찾아냈다.

'온 세상에 알려야 해. 우리의 문화유산 외규장각 의궤가 얼

마나 대단한 책인지를 어떻게 하면 다른 사람들에게 알릴 수 있을까? 책 속의 내용이 어려워서 보통 사람들이 읽을 수가 없으니, 이해할 수도 없겠지? 모든 사람들이 다 알 수 있도록 쉽게 풀어내 보자. 그래, 해제를 하는 거야.'

그렇게 마음을 먹자, 그 많은 분량의 책들이 하나도 겁나지 않았다.

'얼마가 걸릴지 모르지만, 열심히 하는 거야. 언젠가는 다 할 수 있겠지. 다른 사람들은 할 수 없어도, 나는 지금 할 수 있잖아.'

박병선은 외규장각 의궤 한 권 한 권의 내용은 무엇 무엇인지 상세히 풀어내기로 마음먹었다. 이 세상에서 오직 박병선만이 할 수 있는 일이었다.

해제 책의 저자, 내용, 체재, 출판 연월일 따위에 대한 대략적인 설명.

길고 긴 외규장각 의궤 해제 작업이 시작되는 순간이었다.

외규장각 의궤를 열람할 수 없다니

박병선은 외규장각 의궤를 열람하기 위해 다시 프랑스국립도서관으로 갔다. 도서관 직원이 아닌, 일반 이용자로서 나가기 시작한 것이다.

외규장각 의궤를 열람하려고 자료실에 갔는데, 있던 그 자리에 책이 보이지 않았다. 도서관 직원에게 문의하자 어이없는 대답을 듣게 되었다.

"외규장각 의궤는 열람이 중지되었습니다."

도서관에서는 외규장각 의궤를 귀중본 도서목록으로 옮겨 분류해 놓고는 박병선이 열람을 하지 못하도록 미리 조치를 해 두었던 것이다.

"왜 열람할 수 없다는 겁니까?"

도서관 직원은 남들이 들을세라 작은 소리로 말했다.

"박병선 씨도 알다시피, 수선 도중에 책을 오려 내 파손시킨 범인을 찾으려고 열람을 중지했어요."

"얼마 전까지도 일반인들에게 열람시켜 주지 않았습니까?"

"어쨌든, 지금부터는 안 돼요."

범인을 잡으려 하기보다는 박병선에게 열람을 시켜 주지 않으려고 하는 속뜻이 분명했다. 외규장각 의궤를 해제하려는 큰 결심을 하고, 고국에서 부르는 것도 거절한 채 도서관으로 달려간 박병선 앞에 생각지도 못한 장애물이 놓여 있었던 것이다.

'이대로 물러설 수는 없지.'

박병선은 다음날 아침, 다시 도서관으로 갔다.

"오늘도 안 됩니까?"

"안 됩니다."

도서관 사서는 고개를 저었다.

다음날 박병선은 다시 도서관으로 갔다.
"오늘도 안 됩니까?"
"네, 안 됩니다."
"그럼, 내일 다시 오겠습니다."
박병선은 조금도 흔들림 없는 목소리로 대답했다.
한 달이 넘는 시간이 흐르는 동안 박병선은 날마다 도서관으로 가는 버스를 타고 지하철을 탔다. 그렇게 단 하루도 거르지 않고 도서관에 가서 똑같이 물었다.
도서관 직원들은 고개를 절레절레 했다.
'웬만한 사람 같으면 포기했을 텐데, 박병선은 포기를 하지 않는 사람이군.'

박병선이 하루도 쉬지 않고 계속 찾아와 열람을 요청하자, 결국 나중에는 도서관 측에서 포기를 했는지 열람을 허락하는 듯했다.

"그럼 보여 주겠습니다. 대신, 하루에 몇 권 이상은 못 보여 줍니다."

박병선의 얼굴에는 활짝 웃음이 피어났다. 정말 오랜만의 웃음이었다.

"알았어요. 몇 권씩도 필요 없어요. 하루에 한 권만이라도 족합니다."

"그 대신에!"

도서관 측이 조건을 내걸었다. 역시 그렇게 쉽게 포기한 것은 아니었다. 또 다른 장치를 했던 것이다.

"먼저 신청서를 내야만 합니다. 그 신청서를 과장이 보고, 열람 허가를 한다는 사인을 해야만 책을 보여 줄 수 있습니다. 그리고 당신이 무슨 책을 봤고, 몇 시에서 몇 시까지 봤다는 것도 일일이 결재를 맡아야 합니다."

쉽게 해결된 것이 아니었다.

"의궤를 보여 주기만 한다면, 신청서야 얼마든지 쓰죠."

박병선은 그들의 요구대로 정성껏 신청서를 써냈다.

'드디어 우리 외규장각 의궤를 맘껏 볼 수 있게 됐구나.'

허가를 기다리는 동안 박병선의 마음은 무척 설레었다.

그러나 아무리 기다려도 열람 허가가 떨어지지를 않았다. 박병선은 몇 시간 동안 기다리다가 물었다.

"언제 열람 허가가 나겠습니까?"

"지금, 과장이 자리에 없어서 안 되겠습니다."

"언제 돌아옵니까?"

"글쎄요."

박병선은 다시 기다리다가 또 물었다.

"벌써 몇 시간째 기다리고 있지 않습니까?"

"과장이 회의에 들어가서 자리에 없습니다."

결국 과장의 열람 사인을 받지 못한 채 집으로 돌아가야만 했다.

그 다음날, 다시 똑같은 일이 반복되었다. 먼저 신청서를 써내고, 과장 사인을 기다리고, 열람 허가를 받지 못하고 다시 돌아오고······.

그 다음 날도 똑같았다. 또 그 다음 날도······. 박병선은 하루도 빠지지 않고 그 일을 계속했다.

언젠가는 그 사람들이 포기하고 의궤를 보여 줄 거라고 믿었다. 그러나 그들도 변함이 없었다. 과장이 출장 중이다, 휴가 갔다 하며 이런 저런 핑계가 끝도 없었다. 그들도 열람허가를 해 주지 않으려고 온갖 궁리를 다해 박병선을 골탕 먹인 것이다. 날이 가도 과장의 열람 사인이 떨어질 기미가 도무지 보이지 않았다.

박병선은 조금씩 마음이 급해졌다. 빨리 외규장각 의궤를 해제해야 하는데, 이렇게 시간을 보내고 있으니 참으로 답답하고 분통이 났다. 외규장각 의궤 한 번 보겠다는 바람 하나로 기다리던 시간이 너무나 아까웠다. 박병선은 때로 자신이 참담하게 느껴졌다.

'그렇게 오래 참고 기다렸건만 결국 조롱만 당했구나.'

박병선은 방법을 바꿨다. 큰소리로 항의를 한 것이다.

"이런 법이 어딨습니까? 내 나라 책을 내가 보는 게 이렇게 어렵단 말입니까?"

도서관 직원의 마음이 조금씩 흔들렸다. 오랫동안 박병선을 지켜본 그도 미안했는지 슬쩍 다른 방법을 썼다.

박병선이 쓴 신청서에 도서관 직원은 과장 대신 자기가 직접 사인을 했다. 그리고는 들어가서 의궤를 가져다 박병선에게 내주었다.

드디어 오랫동안 기다렸던 외규장각 의궤 한 권이 박병선의 손에 들어왔다. 오랜만에 의궤를 손에 든 박병선은 감격스러워 목이 메었다.

'얼마나 기다리던 순간인가? 정말 잘 참았어. 박병선, 포기하지 않고 기다리길 아주 잘 한 거야.'

박병선은 자신이 대견하고 뿌듯했다. 외규장각 의궤를 해제하기 위해 첫 책의 첫 장을 넘기는 박병선의 눈빛이 빛나기 시작했다.

'이 아름다운 우리 책을 알리고자 하는 내 일이 결코 헛되지 않을 거야. 열심히, 멋지게 해 보자.'

12 파란 책 속에 묻힌 여성

옛 동료들이 박병선을 차갑게 외면해도, 박병선은 그들에게 그러기는 싫었다. 언제나 마주치면 박병선은 반가운 얼굴로 먼저 인사를 했다.

해제 작업에 여념이 없던 어느 날, 도서관 복도에서 친했던 도서관 직원과 마주쳤다. 박병선은 반가운 마음에 가까이 다가갔다.

"오랜만이야."

그는 무척 난처한 얼굴을 하며 대답도 하지 않고 피해 지나갔

다. 박병선이란 사람을 마치 본 적도 없는 사람인 양, 보이지 않는 사람인 양 무시했다. 이런 일이 자주 일어났다.

도서관 밖에서 마주치자 그제야 직원들은 박병선에게 말을 건네 왔다.

"미안해, 병선 씨. 당신하고 말을 하지 말라는 지시를 받았어. 그리고 아무도 도와주지 말라고 해서 어쩔 수 없이 우리가 그렇게 했던 거야."

박병선은 도서관의 직원들과 이렇게까지 얼굴을 붉혀야만 하는 현실이 너무 차가워 가슴이 얼어붙듯 아팠다. 불과 얼마 전, 도서관에서 함께 일했던 때에는 가족처럼 지냈던 동료들이었기 때문에 더 그랬다.

박병선은 원래부터 자리에 눕자마자 바로 잠이 잘 들었는데, 이런 상처가 계속되자 밤에 잠을 못 이루고 뒤척이는 날들이 하루하루 늘어갔다.

잠을 자려고 눈을 감으면 사람들의 차가운 눈빛과 그들과 나놨던 말들이 자꾸만 떠올랐다. 결국 지독한 불면증을 얻어 한동안 무척 고생을 하게 되었다.

그럼에도 불구하고 박병선은 굴하지 않고 도서관에 가서 외규장각 의궤 해제 작업을 계속해 나갔다. 하지만 그때 그들에게 받은 핍박은 너무 지나쳐서 박병선의 마음에 오래도록 큰 상처로 남게 되었다.

지극 정성이면 하늘도 감동한다고 하던가. 도서관 상황이 조금씩 나아졌다. 일일이 신청서를 쓰고 언제 받을 수 있을지도 모르는 채 열람 사인을 기다려야 하는 규칙이 사라진 것이다. 그리고 얼마의 시간이 지나자, 원하는 대로 열람을 할 수 있게 되었다. 그 다음에는 하루에 두 번도 세 번도 볼 수 있게 되었다.

그러는 사이에 시간이 흘러 그렇게 핍박을 하던 과장도, 관장도 다른 사람들로 바뀌었다. 새로이 바뀐 관장은 외규장각 의궤를 귀중본도서목록에서 보통도서목록으로 옮겼다.

드디어 외규장각 의궤를 마음껏 열람할 수 있는 날이 오게 된 것이다.

외규장각 의궤는 외국 군대에 의해 강탈된 뒤 이역만리 타국의 창고에서 폐기 직전의 상태로 있다가, 접근조차 힘든 귀중도서로 바뀌었다가, 그 다음에는 보통도서로 등록이 되는 파란만장한 운명을 겪은 셈이었다.

박병선은 외규장각 의궤를 마음껏 볼 수 있는 기회를 얻은 것이 꿈만 같았다. 더욱 열심히 의궤 해제 작업에 몰입할 수 있게 되었다.

그 뒤로 외규장각 해제 집필 작업은 십 년을 하루같이 꾸준히 계속되었다.

아침 10시에 도서관에 들어서면서부터 저녁 5시까지 꼼짝도 하지 않고 그 일만 했다. 점심 먹는 시간도 아까워 건너뛰기가 일쑤였다.

도서관이 문을 열 때면 비가 오는 날이나 눈이 내리는 날이나, 추운 날이나 더운 날이나, 몸이 아프거나 어딘가 훌쩍 떠나고 싶은 날이나, 마음이 울적한 날이나……, 쉼 없이 계속되었다.

의궤를 해제하는 작업은 결코 쉽지가 않았다. 책의 크기도 컸지만 297권이나 되는 분량도 어마어마했다. 무엇보다 의궤의 내용을 해석해 내는 일이 가장 어려운 작업이었다.

의궤는 한자로 쓰여 있는데, 그 가운데 우리말을 한자로 표기하는 '이두' 글자가 섞여 있었다. 이두를 해석하는 작업도 여간 어려운 일이 아니었다.

예단에 대한 의궤 내용 중에 '赤古里적고리'라는 글자가 있었다.

"적고리? 이 말이 도대체 무슨 뜻일까?"

박병선의 고개가 갸웃거렸다.

"'적'은 붉을 '赤적' 자를 쓰고, '고' 자는 고대라는 '古고' 자이고, 리는 몇 리 하는 '里리'를 적었네? '적고리'라……."

글자들의 뜻이 도무지 연결이 안 되었다.

"이 리里자는 마을이라는 뜻으로 쓰이는 글자인데……, 그럼 적고리라는 마을 이름을 가리키는 것인가?"

한 낱말을 두고 몇 날 며칠이 흘렀다. 앞 뒤 문맥을 되짚어 읽고 또 읽었다. 책을 찾고 자료들도 뒤져 보았지만 쉽게 알 수가 없었다. 낱말을 뚫어져라 들여다보고 가만히 곱씹으며 생각하고 또 생각했다. 다른 생각들이 들어올 틈이 없이 마음만 초조해져 갔다. 시간이 자꾸만 흐르고 한숨이 저절로 나왔다.

'보통일이 아니네. 그러나 시작을 했으니 끝을 봐야지.'

박병선은 결코 포기하거나 낙심하지 않았다. 불끈 마음을 다잡고, 다시 도전하고 도전했다. 그러던 끝에 어느 순간 반짝, 머릿속으로 답이 들어왔다.

기쁨의 탄성이 저절로 나왔다.

"그래, 맞아. '적고리'는 바로 '저고리'야."

'저고리'를 가리키는 우리말을 한자 '赤古里적고리'로 쓴 것이었다. 이것이 옷 이름이라고 누가 쉽게 상상이나 할 수 있었을까.

또, 음식이름인 '갈비'는 한자로 땅이름 乫갈자에 날飛비자를 써서 '乫飛갈비'라고 적었다. 나물 종류의 하나인 박고지를 쓸 때에는 후박나무 朴박자에 옛古고 갈之지를 써서 '朴古之박고지'라고 쓰는 문자가 이두였다.

이런 글자가 나오면, 이것이 한자인지 이두인지 구분을 해야 하고, 이 이름이 사람 이름인지 음식 이름인지 알아내야만 그

뜻을 알 수 있었다.

한자만 잘 안다고 해서 의궤를 다 해석할 수 있는 것은 아니었다. 음식이면 음식, 의복이면 의복, 건축이면 건축에 대한 그 분야의 지식이 있어야 하고, 그 분야에 쓰이는 어휘도 잘 알아야 해석할 수 있었다.

이런 것을 하나하나 빈틈없이 조사를 해야 하니, 시간이 가도 일은 끝이 보이지 않았다. 하루 종일 붙들고 있어도 책장을 몇 장 밖에 못 넘기는 날이 허다했다.

하지만 문제를 포기하지 않으면 반드시 답이 찾아오는 법이다. 포기를 모르는 박병선의 의궤 해제 작업은 하나하나 구슬을 꿰듯 진행되어 나갔다.

아침에 도서관에 들어가면, 저녁에 나오기까지 그렇게 사는 게 다였다. 하루하루 시간은 무섭게 지나갔다. 1년이 가고 2년이 가고, 그리고 또 몇 년이 지나갔다.

파리의 한인들 사이에서는 박병선이 밥도 잘 안 먹고 외규장각 의궤를 해제하고 있다는 소식이 전해졌다.

친구들이며 아는 사람들이 찾아왔다.

"병선아, 너 왜 이러고 있어. 이런 고생하려고 프랑스에 와서 그렇게 열심히 공부했니?"

선배들이나 후배들도 말렸다.

"바보짓 좀 이제 그만둬라."

박병선은 자신을 위해 걱정해 주는 사람들이 고마웠지만, 그들의 말대로 하기는 싫었다. 박병선은 그저 말 없는 웃음으로 대답할 뿐이었다.

많은 사람들은 박병선을 이해하지 못하고 안타까워했다. 그러나 그 가운데서도 이해해 주고 격려해 준 사람들도 적지 않았다.

특히 그 당시 한국문화원장은 박병선에게 마음을 많이 써 준 사람이었다. 어느 날, 한국문화원장이 도서관으로 찾아왔다.

"박병선 박사, 식사하러 나갑시다. 당신에게 밥 사 주러 왔어요."

박병선은 미안해서 사양하려 했다.

"분주하신 분이 이렇게 찾아오신 것만도 고맙습니다."

하지만, 문화원장은 고집스레 박병선을 데리고 나가 기어코 도서관 근처 카페에서 오므라이스를 주문해 줬다.

"다 먹지 않으면 도서관으로 못 돌아가게 할 테니, 그리 아세요."

가끔 문화원장은 이렇게 박병선을 찾아와 힘이 돼 주었다. 양기섭 문화원장은 박병선을 두고 '보석 같은 사람'이라고 말하며, 박병선이라는 인물에 대해 경의를 표현했다.

그때 문화원장이 베풀어 준 따뜻한 정을 박병선은 평생토록 감사해 하며 잊지 않았다.

봄 여름이 지나고, 다시 겨울이 지나고, 또다시 봄이 왔다. 그렇게 세월이 가자 어느새 프랑스국립도서관에서 박병선은 유명 인사가 되어 있었다.

언제나 어김없이 열람실 그 자리에 늘 앉아 있는 여성. 날마다 똑같은 모습으로 앉아서 똑같은 책들에 파묻혀 연구에 몰두하는 자그마한 몸의 동양 여성.

자연스럽게 별명이 생겨났다.

'파란 책 속에 묻혀 있는 여성.'

짙은 암록색을 띤 의궤의 표지가 얼핏 파란색이고, 책의 크기가 다른 책들의 몇 배나 되는 큰 책을 들여다보며 앉아 있으니 묻혀 있는 듯이 보여 그렇게 지어진 것이다.

그런 박병선의 모습은 프랑스국립도서관에서 독특한 하나의 풍경이 되어 갔다.

13 십 년을 하루같이

경제적으로도 박병선은 힘들었다. 도서관 일을 그만둔 뒤 곧바로 꼴레지 드 프랑스(College de France)의 수석연구원으로 일을 했지만, 경제적으로 넉넉한 보장을 받는 직장은 아니었다. 박병선에게는 외규장각 의궤를 연구해야 하는 시간이 절대적으로 필요했기 때문에, 무슨 일이든 온종일을 매달리는 직장생활을 할 수 없는 형편이었다.

게다가 연구에 들어가는 비용은 꼭 필요했지만, 박병선은 스스로 그 비용을 마련해야만 했다. 조사한 내용을 프랑스어로 타

이핑을 해야 하는데, 당시에는 컴퓨터도 없어 전문적으로 타이핑을 해 주는 곳에 돈을 내고 맡길 수밖에 없었다.

"오늘도 타이핑을 맡기려면 돈이 필요한데……."

그러다가 결국 돈이 똑 떨어져서 타이핑을 못 맡기는 날도 많았다. 그럴 때는 조사한 자료가 한쪽에 쌓여 가는 것을 보고만 있을 수밖에 없었다. 빈 주머니를 뒤지며 한 동안 기운이 빠져 있기도 했다.

박병선은 자연히 돈 씀씀이를 줄일 수밖에 없었다. 원래 알뜰하게 절약하는 습관이 몸에 배어 있었지만, 그보다 더 아끼려고 애를 썼다. 음식 값도 아끼고, 교통비도 아끼고, 살 것 쓸 것을 최대한으로 줄였다.

박병선은 서럽고 힘들었다. 배고파서 서러운 것보다 외규장각 의궤를 해제한 자료를 하루라도 빨리 마무리를 해야 하는데, 돈 때문에 지연이 되는 게 더 안타까웠다.

그래도 어쩔 수 없었다.

'여기서 멈출 수는 없잖은가?'

형편이 되기를 기다렸다 타이핑을 맡기고, 어려워지면 또 기다렸다.

돈을 마련하는 일이 점점 어려워지자, 집에 있던 골동품을 한 개씩 가져다 팔기 시작했다. 아끼던 도자기를 시작으로 찻주전자와 잔, 조각품, 꽃병 등이 하나하나 박병선의 곁을 떠나갔다.

박병선은 도서관 근처 한 골동품 가게에 주로 물건을 내다 팔았다. 그 가게의 주인 할아버지는 박병선에게 아주 친절했다.

"병선, 맡긴 도자기가 팔렸어. 어서 와."

골동품 가게 할아버지에게 연락이 오면 박병선은 얼른 골동품 가게로 달려갔다.

"300프랑에 팔았어. 우리가 중개료를 받아야 하지만, 너를 보면 중개료 받고 싶은 생각보다 내가 더 주고 싶은 마음이 들어. 물건 판 돈을 그대로 다 줄 테니 받아."

박병선은 목이 메도록 고마웠다.

"밥 안 먹었지? 이리 와서 뭐라도 좀 먹고 가."

골동품가게 할아버지는 그렇게 따뜻한 마음으로 박병선을 많이 도와주었다. 나중에 그 할아버지가 돌아가셨을 때, 박병선은 가슴이 텅 빈 것처럼 슬픔에 잠겼다.

또, 도서관 근처에 일본 판화를 파는 가게가 있었다. 그 가게 사장은 프랑스국립도서관으로 자주 판화를 보러 와서 박병선과 잘 알고 지내게 된 사람이었다.

판화점 사장은 도서관에 오면 일부러 박병선에게만 통역을 부탁했다. 그리고 종종 판화점 일을 시켜 주었다. 구멍이 나거나 헐게 된 오래된 판화가 있으면 박병선을 불러 그것을 수선하는 작업을 맡겼다. 박병선은 주말이면 그곳에 가서 판화를 고쳐 주고 돈을 벌었다.

"수고 많았어요. 자, 받아요."

판화점 사장은 박병선에게 수고비를 아주 후하게 주었다. 원래 줘야 하는 수고비가 30프랑이면 어떤 때는 50프랑을 주기도 하고, 때로는 300프랑을 주기도 했다. 박병선이 일을 할 때면 사장은 박병선에게 꼭 식사를 챙겨 주었다. 박병선이 끼니를 잘

챙겨 먹지 않는 것을 알고 이것저것 먹이려고 마음을 써 준 것이다.

이런 따스한 이웃들에 대해서 박병선은 잊지 않고 두고두고 고마운 마음을 간직했다.

1990년, 홀로 외로이 쌓아온 외규장각 의궤 해제 작업이 드디어 마무리가 되었다. 프랑스에서 외규장각 의궤를 발견한 지 13년 만의 성과였다.

박병선은 한국대사관을 찾아갔다.

"의궤 해제를 다 마쳤습니다. 이 연구내용을 책으로 내면 많은 사람들이 볼 수 있게 될 거예요. 한국에서 출판해 주시면 좋겠습니다."

대사관에서는 정부에 개인적으로 신청을 해보는 게 좋겠다고

권유를 했다. 박병선의 민원이 한국에서 받아들여지고, 서울대학교 규장각에서 출판을 맡게 되었다.

당시 한국의 인쇄소에서 프랑스어로 된 책은 무척 찍기 힘든 상황이어서 오자도 많이 생겨났지만 열 번이나 수정 작업을 거치면서 어렵게 출간이 되었다.『조선조의 의궤 – 파리 소장본과 국내 소장본의 서지학적 비교검토』라는 책이다.

해제 작업을 다 마친 박병선은 외규장각 의궤가 프랑스에 그대로 남아 있는 상태로 오랜 시간이 지난 것이 늘 마음에 걸렸다.

의궤 해제를 하는 동안에도 박병선의 마음속 가장 깊이 자리 잡은 한 가지 이루지 못한 소원이 있었다.

'이 외규장각 의궤가 한국으로 돌아가야 할 텐데.'

박병선은 틈틈이 한국대사관에 가서 반환을 촉구했다. 당시 프랑스에 있는 한국대사관의 대사는 박병선의 요청에 아무런 해결책을 내놓을 수가 없는 처지여서 그저, 박병선의 열정에 속으로 감동만 할 뿐이었다.

박병선은 외규장각 의궤가 한국으로 돌아가야 한다고 본격적으로 반환촉구 운동을 시작했다. 10여 년 동안 늘 도서관을 향해 움직였던 박병선의 발걸음은, 이제 한국대사관으로 향했다.

"박병선 박사 왔어요? 나랑 점심이나 먹어요."

대사는 박병선을 데리고 우동집에 가서 자주 점심을 사 주곤 했다. 박병선은 마음이 급해서 무엇을 먹어도 편하지 않았다.

"지금 우동이 중요한 게 아니고요. 우리 외규장각 의궤 문제가 급합니다. 어떻게 하시겠어요?"

"그 얘기는 그만 하고 밥 좀 먹읍시다. 허허."

대사는 그저 웃기만 했다.

박병선은 점심을 먹는 둥 마는 둥 하고 대사와 헤어져 도서관으로 발걸음을 옮겼다. 도서관 주변 리슐리외 거리를 천천히 걷고 있을 때 비가 내리기 시작했다. 우산도 쓰지 않고 그냥 걸었다.

도서관의 높고 거대한 벽돌담에 빗물이 주룩주룩 흘러내렸다.

'저 튼튼하게 쌓아 올린 높고 거대한 벽돌담, 내가 넘어야 할

산인가? 저기에 내리는 빗물은 마치 내 마음 같구나.'

나아지는 기미가 보이지 않는 가운데서도 박병선은 날마다 대사관에 출근하다시피 했다.

대사관 직원들은 박병선 얼굴을 보면 그냥 인사만 하고는 아무런 대화를 하지 않으려고 했다. 무슨 일로 왔는지 뻔히 알고 있으니, 무슨 볼일이 있냐고 물어볼 필요도 없었다.

"저 또 왔어요."

대사가 나와 박병선을 웃는 얼굴로 맞아 주었다.

"오늘도 오셨군요. 날씨가 많이 춥죠?"

박병선은 대사에게 간단한 인사를 하고 서둘러 말을 꺼냈다.

"대사님, 지금이라도 반환요청을 해야 합니다. 빼앗긴 우리 것을 꼭 돌려받아야 합니다. 이렇게 시간이 길어지면 반환이 점점 힘들게 될 겁니다."

그날도 대사는 박병선의 말을 들어 주고, 웃는 얼굴로 헤어졌다.

그러던 어느 날, 대사가 박병선을 먼저 불러 간곡하게 말했다.

"박병선 박사, 지금 한국과 프랑스 관계가 쉽지 않아요. 한국이 프랑스에 도움을 받아야 하는 상황이에요. 그런데 프랑스국립도서관에 있는 책을 돌려 달라고 요구해서 기분 상하게 건드릴 수 없지 않겠습니까? 약소국인 우리나라의 현실이 안타까울 뿐이지요."

박병선은 아무 말 없이 듣기만 했다.

"프랑스라는 나라와 우리 한국의 다리 역할을 해야 하는 게 대사관의 임무라서, 프랑스와 한국의 원만한 관계에 대해 신경을 안 쓸 수가 없는 입장입니다. 대사관에서는 어찌 해 볼 수 없는 한계가 있습니다."

대사는 개인적으로는 박병선을 존경했지만, 어쩌지 못하는 상황 때문에 박병선의 뜻을 받아들이지 못하는 점을 무척 안타까워했다.

"네, 대사님. 이렇게 날마다 와서 조르는 제가 답답하지요?"

"아니, 그렇지 않습니다. 박병선 박사의 뜻은 옳고 당연합니다. 박병선 박사의 나라를 사랑하고 애쓰는 마음이 얼마나 큰지, 또 얼마나 힘든 일을 이루어 내셨는지 제가 다 알고 있지 않습니까? 정말 존경스러울 뿐입니다."

박병선은 현실을 그대로 받아들여야 하는 것인지 갈등했다.

칭송을 듣는 건 조금도 기쁘지 않았다. 칭송을 듣기 위해 해 온 일이 아니었기 때문이다. 다만 조국이 빼앗긴 유산을 돌려받게 되어야만 진정한 기쁨을 느낄 수 있을 것 같았다. 박병선은 외규장각 의궤 반환 요청을 결코 중단할 수 없다는 생각을 다시 한 번 굳히게 되었다.

박병선은 한국 관계자들에게 직접 호소하기도 했다. 하지만 그들은 냉담했다.

"가능하지도 않을 일에 뭘 그리 애를 씁니까?"

심지어 한국 외무부 인사가 보인 반응은 어이가 없었다.

"가만히 있지 않고 왜 이런 일을 자꾸 끄집어내서 우리를 골치 아프게 합니까? 제발 좀 가만히 있으세요."

오래 전 『직지』를 고증하고 발표할 때도 그랬지만, 박병선은 프랑스 사람들보다 한국 사람들의 차가운 반응이 더 참기 힘들었다.

박병선은 기회만 되면 프랑스 사람들에게도 외규장각 의궤가 한국으로 반환되어야만 한다고 쉬지 않고 주장했다.

프랑스 사람들이 박병선에게 물었다.

"도대체 왜 우리가 그 책을 반환해야 합니까?"

박병선은 또박또박 대답했다.

"만약에, 프랑스 루이 14세의 왕실 행사를 자세히 기록하고, 당시의 사회, 경제, 문화를 통찰할 수 있는 자료가 고스란히 담

긴 문서의 유일본이 다른 나라에 있다면 당신들은 어떻게 하겠습니까?"

프랑스인은 대답했다.

"당연히 찾아와야지요."

"네, 그게 맞는 겁니다. 그래서 우리도 당연히 되찾으려는 것입니다."

박병선의 애타는 청원에 한국에서 반응이 일어나기 시작했다. 그 당시 발표한 책, 『조선조의 의궤』 출판을 계기로 한국에서 의궤에 대한 각성이 생겨나게 되었고 서서히 외규장각 의궤 반환 운동이 일어나기 시작한 것이다.

외규장각 의궤 반환 운동을 처음 권유할 당시, 반대하고 무관심했던 사람들 중에서도 나중에는 이 운동에 적극 나서는 사람들이 나타나기 시작했다. 늦게나마 많은 사람들이 외규장각 의궤 반환에 나서는 모습을 보자 그 동안의 서운함이 가시고 반갑기만 했다.

14 지금 죽을 수 없어요

2009년, 박병선은 유네스코 세계기록문화유산 직지상 시상식에 참석하러 한국에 왔다.

행사를 마치고 사람들을 만나며 분주하던 가운데 몸 상태가 많이 안 좋아지더니 심한 복통 때문에 견디기가 힘들어졌다. 병원에서 진찰을 받은 결과, 직장암 4기라는 판정이 나왔다.

눈앞이 캄캄해졌다.

병이 오래되고 깊어서 위급한 상황이었으므로 급하게 수술을 받아야만 했다. 의사는 어두운 얼굴로 말했다.

"몸이 많이 약하고 연로하셔서 큰 수술을 견디실지 걱정입니다. 못 깨어나실 수도 있습니다."

수술대에 눕기 전 박병선의 머릿속에 여러 가지 생각이 빠르게 흘러갔다.

어린 시절, 부모님, 가족들, 그 오래전 꿈속에 나타나 자신의 머리를 쓰다듬어 주었던 하얀 옷의 성모마리아, 그리고 세상을 향해 꼭 해야 할 일을 가르쳐 주었던 원장수녀의 얼굴이 차례로 떠올랐다. 마음이 편해지기는 했지만, 한편으로 아직도 자신이 해야 할 일이 마무리 되지 않은 채 남아 있다는 것이 가장 마음에 걸렸다.

박병선은 기도했다.

"1년만 더 살게 해 주세요. 지금 죽으면 안 됩니다. 제가 하던 일이 남아 있어요. 꼭 마무리해야 합니다."

마취주사를 맞고, 스르르 긴 잠에 빠져드는 순간까지 박병선은 희망을 놓지 않았다. 수술은 쉽지 않았고 당초 세 시간으로 예정되었던 시간이 길어져 일곱 시간이나 걸렸다.

수술을 마친 뒤 박병선은 눈을 조금씩 떴다. 환하게 웃는 의사

얼굴이 보였다.

　의사는 감격스러워 했다.

　"박사님, 이렇게 깨어나시다니 정말 기적입니다. 큰 수술을 아주 잘 견뎌 내셨습니다."

　박병선은 의사의 손을 꼭 잡으며 말없이 웃음으로 감사의 마음을 표현했다.

　몰라볼 정도로 수척해지고 기운이 떨어진 몸으로도 박병선은 온통 일에 대한 생각뿐이었다.

　"평생 연구한 것을 그냥 놔두고 가야 하는지 걱정했어요. 내 일을 마무리 할 시간을 주신 하늘에 감사합니다."

　몸을 회복하기 위해 한국에 있는 동안, 박병선은 조국의 따뜻한 사람들을 많이 만나게 되었다.

　"자랑스러운 박병선 박사님, 꼭 나으세요."

　어린이들은 고사리 손으로 편지를 써서 보냈다. 강원도에 사는 어떤 농부는 농사 지은 쌀 한 가마를 이름도 밝히지 않은 채 보내왔다.

　"우리 땅에서 난 이 쌀을 드시고 하루 빨리 기운을 되찾으시

길 바랍니다."

박병선의 엄청난 병원비를 보태는 작은 정성들이 여기저기서 모아졌다.

'내가 뭐라고……. 사람들이 이렇게 나를 아껴 주고 나를 위해 기도해 주다니, 내가 한 일이 그렇게 대단한 일인가? 당연히 할 일을 했을 뿐인데.'

한시도 잊을 수 없었던 조국을 떠난 뒤 머나먼 타국에서 보낸 55년의 세월을 천천히 되새겨 보았다.

'난 정말 제대로 잘 한 거야.'

박병선의 가슴은 오랜만에 따뜻해졌다. 그리고 조금씩 기운이 났다.

찾아오는 한국 사람들과 많은 이야기를 나눴다. 사람들이 때때로 궁금해 했다.

"결혼도 하지 않고, 일생을 한국 자료와 고문서들에 파묻혀 살아오셨습니다. 후회는 없으신가요?"

"천만에요. 맛있는 음식을 먹거나 누군가를 만나는 건 순간적인 기쁨일 뿐이에요. 무언가에 몰두해서 몇 년을 찾아 헤매다가

마침내 찾아내는 기쁨이 어떤 건지 아세요? 세상에서 가장 아름답고 오래가는 기쁨입니다. 길을 걷다가도 그 생각만 하면 벙글벙글 웃음이 나오기도 해요."

"다시 태어난다면 또 이 일을 하실 겁니까?"

박병선은 망설이지 않고 대답했다.

"물론이죠."

15 외규장각 의궤, 한국으로 돌아오다

박병선은 몸이 어느 정도 회복되자마자 다시 한국을 떠나야 했다.

'마냥 누워 있을 수는 없어.'

큰 병으로 몸이 많이 쇠약해졌지만 박병선은 잠시도 지체할 수 없었다. 파리에서 해야 할 일들이 산더미처럼 쌓여 자신을 기다리고 있기 때문이었다. 평생을 조국을 위해 해 온 일들이 아직 끝나지 않은 것이다.

죽음의 문턱을 오가는 순간에도 간절히 기도하지 않았던가.

'해야 할 일이 남아 있어요. 그 일을 마저 하고 가게 해 주세요.'

병상에 누워 간절히 원했던 그 시간이 주어졌다. 짧은 시간일지 긴 시간일지, 가늠할 수 없는 시간이 다시 박병선 앞에 펼쳐진 것이다.

박병선은 파리로 돌아왔다. 평생을 홀로 살아온 썰렁한 아파트에는, 오십 년이 넘도록 모아온 한국 관련 자료들이 방마다 꽉 채워진 채로 박병선을 기다리고 있었다.

한 몸 겨우 누울 수 있는 차가운 자리에서도 박병선은 남은 일을 마무리할 수 있어서 감사했다. 하루가 다시 시작되면, 박병선은 아까운 시간과 싸우듯 살았다.

버스를 타고 지하철을 타고 한국 대사관에서 마련해 준 사무실로 나가 연구를 계속하며 자료를 찾고 정리했다.

박병선은 한국에 돌아와야 할 유산들이 아직도 프랑스에 남아 있다는 사실에 집중했다. 프랑스 사람들이 한국에 대해 기록해 놓은 문건들을 찾아보면서 박병선은 힘주어 말했다.

"외규장각 의궤 반환 운동이 일어나고 있는 이참에 프랑스에 있는 우리 문화재목록을 파악하는 작업을 시작해야 합니다. 개인이 소장하고 있는 조선 그릇, 자기들을 수십 점이나 본 적도 있습니다. 지금까지 반환협상 대상에서 언급조차 되지 않은 것들이 많이 남아 있어요. 병인양요 때 외규장각 의궤와 함께 빼앗겼던 옥책문이나 고지도 등 아직도 찾아야 할 것이 많습니다."

박병선은 프랑스 외무부 고문서관 등에서 재불 독립운동 자료를 찾고 정리하는 일을 오래전부터 해 오고 있었다. 그 일을 하던 중에, 1919년 파리강화회의 때 독립을 호소했던 독립운동가 김규식 박사의 자취를 추적해 냈다. 그 때 당시 독립운동가들이 머물렀던 파리 시내 샤토딩 거리 38번지에 박병선은 한 가지 소망의 푯대를 세워 놓았다.

바로 그곳에 한국독립운동기념관을 세우는 것이다. 그곳을 처음 발견했던 때, 박병선은 가슴이 벅차올랐다.

"김규식 박사의 활동이 외교 활동의 시초라 할 수 있어요. 그분은 파리에 오셔서 몇 달 밖에 안 계셨지만, 같이 일하시던 분은 그 집에서 이 년을 버티셨어요. 먼 나라에 와서 프랑스어도 잘 못하는 분들이 집세가 없어 겨우 방 한 칸에 지내면서, 낮에는 사무실로 쓰고 밤에는 새우잠을 잤겠지요. 그러면서도 『자유한국』을 발행하시고, 팜플렛도 발행하셔서 여기저기 보내고, 회의에도 참석하시고 그랬습니다. 그분들이 그렇게 활동하지 않았다면 프랑스에 한국이라는 나라를 알리지 못했을 거예요. 나아가 독일, 이태리, 영국 등 유럽 여러 나라들을 다니면서 조선이라는 나라가 있노라, 하고 알리기 시작한 사람들이에요. 이런 분들을, 이런 일들을 우리 후손들은 잊지 말아야 합니다. 제 마지막 소원은 바로 이런 역사적 유산들을 모아 후손들에게 선조의 정신을 물려주고 그 정신을 기릴 수 있도록 파리에 한국독립운동기념관을 건립하는 거예요."

박병선은 2006년 한불 수교 120주년이 되던 해에 『프랑스 소재 한국독립운동 자료집 1』을 출판했고, 이 일에 첫 단추를 끼웠다. 어려움 속에서도 프랑스에 있는 한인들과 힘을 모아 '한국독립운동기념관'을 세우기 위해 노력했다.

2011년 3월 1일, 파리 샤토덩 거리 38번지에서는 삼일절 기념 행사가 열렸다. 박병선은 '대한민국 임시정부 파리위원부 청사 1919~1920'이라는 문구가 새겨진 현판 앞에 서서 한인들과 함께 "대한 독립 만세!"를 선창하며 감격스런 시간을 가졌다.

많은 사람들이 궁금해서 물었다.

"프랑스 파리에 한국독립운동기념관이라니요?"

"파리에 무슨 한국독립운동 자료가 있겠느냐고 생각하겠죠? 무려 상자 200개가 넘는 분량이 있습니다."

박병선은 프랑스 사람들이 기록한 어마어마한 양의 한국 관련 자료들을 계속해서 찾아내고 연구하는 일에 몰두해 왔다. 박병선이니까 할 수 있는 일이었다.

조국의 후손들과 세계에 한국의 독립정신과 역사를 알리는 일이야말로 무엇보다 박병선에게는 가장 소중한, 그리고 가장 행복한 일이었다.

외규장각 의궤는 꾸준한 반환 운동의 결과 마침내 한국으로 돌아오게 되었다. 외규장각 의궤 반환의 주역인 박병선은 겸손하게 소감을 말했다.

"외규장각 의궤 반환은 제 개인의 공로가 아닙니다. 그것을 찾아서 알린 것은 국민의 한 사람으로서 당연히 해야 할 일이었습니다."

박병선은 단순히 기뻐하지만은 않았다. 프랑스가 외규장각 의궤를 한국의 것으로 인정하고 완전히 돌려주겠다는 자세가 아니라, 아직은 프랑스 것으로서 5년 동안 한국에 빌려 주겠다는 단서를 달고 보내 주는 것이기 때문이었다.

박병선은 이 소식에 마음이 언짢았다.

"우리 것을 되찾아 오는데, '대여' 라는 것은 옳지 않습니다. 외규장각 의궤가 어디에 있다는 것보다 더 중요한 것은 우리의 '소유' 여야 한다는 겁니다. '소유' 라는 전제가 분명하다면, 지금 당장은 다른 곳에 있더라도 우리의 것이기 때문에 언제라도 가져올 수 있을 것 아닙니까? '우리나라의 소유' 로 명확하게 못 박지 못한 게 무척 아쉽기만 합니다. 내가 외규장각 의궤라면 울면서 돌아왔을 것입니다. 우리의 의무는 끝나지 않았습니다. 외규장각 의궤에 '대여' 라는 말이 사라지고, 완전한 우리의 '소유' 가 될 때까지 노력해야만 합니다."

박병선은 『병인년, 프랑스가 조선을 침노하다』 1권에 이은 2권을 저술하기 위해 혼신을 다하면서, 다른 한편으로는 프랑스의 한국인들을 위해서도 열정을 보였다.

프랑스의 한인 사회, 한국인 입양인과 양부모들 그리고 국제결혼 가정을 대상으로 한국문화를 소개하며 2세의 교육활동에도 힘을 쏟았다.

박병선은 한국 어린이들을 보면 늘 이 말을 들려주곤 했다.

"무엇을 하든 인내와 끈기를 가지세요. 시작을 했으면 끝을 보려는 자세가 중요합니다. 그리고 사소한 일이라도 최선을 다해서 하는 정신이 필요합니다."

2011년 4월 14일, 프랑스 파리 공항 하늘에 특별한 비행기 한 대가 날아올랐다. 145년 만에 한국으로 돌아가는 외규장각 의궤를 실은 비행기였다. 외규장각 의궤 297권은 네 차례에 나눠 비행기에 실려 한국으로 돌아왔다.

조선왕실 외규장각 의궤가 한국 땅 강화도를 떠나온 지 145년 만에 드디어 제 자리로 돌아가는 길. 박병선은 공항에 나갈 수 없었다.

"의궤가 한국으로 돌아가는 걸 나가서 보고 싶지만, 차마 볼 수가 없어……."

조국의 푸른 하늘을 향해 날아가는 비행기를 멀리서 바라보며, 박병선은 감사와 감격의 두 손을 모았다.

"드디어 제 자리를 찾아가시는구나!"

조국의 하늘빛처럼 맑은 박병선의 눈에는 오래도록 물기가 어렸다.

한국의 위대한 탐험가, 아름다운 애국자 박병선의 일생일대의 업적이 역사에 큰 획을 긋는 순간이었다.

145년 만의 귀환

아! 외규장각 의궤.
145년의 긴 시간을 돌아 그대 우리의 가슴으로 다시 돌아왔도다.
정조 6년 강화도에 외규장각 설치하여
왕실 서적 보관하였건만
병인년 뜻하지 않게 불국으로 반출되었도다.
오랜 세월이 지난 후에야 박병선 여사 은덕으로
우리, 불국 서관에 생존하는 그대의 존재 알게 되었도다.
선조의 의궤를 받들어 오는 것이 후손의 도리
일천구백구십일년 공식반환 요청하였으나
아! 오직 휘경원원소도감만이 쓸쓸히 돌아왔었도다.
이천년 십일월
한불 양국 정상은 미래 지향적 우호 협력 관계에 있어
의궤가 지닌 상징적 중요성을 드디어 인식하였고
온 국민의 여망과 노력이 결실을 맺어
오늘 297권,
인고의 여정 속에 우리에게로 돌아오게 되었도다.
이 역사를 들어 삼가 하늘에 고하나이다.

2011년 6월 11일 외규장각 의궤 귀환 환영대회에서
국립중앙박물관장이 낭독한 의궤 반환 추진경과 대국민보고문 전문

16 위대한 애국자, 긴 여행을 떠나다

외규장각 의궤가 제자리를 찾아 한국으로 무사히 돌아가고 나자 박병선은 깊은 상념에 젖어 들었다. 고국을 떠나온 뒤의 시간과 그 시간을 담아온 공간들이 주마등처럼 지나갔다. 길고 험난한 여정을 끝낸 탐험가처럼 감격스럽고 뿌듯했다.

"큰 일 해내시느라 많이 힘드셨으니 이젠 좀 쉬세요." 라고 말하는 사람들을 보면 박병선은 그저 말없이 웃기만 했다. 하지만 마음속으로는 고개가 세차게 흔들어졌다.

'쉬다니요……'

오히려 하루 한 시간이 더욱 조급하고 소중하게 다가왔다.

박병선은 묵묵히 일상으로 돌아와 해 오던 일에 다시 몰입했다. 건강은 예전 같지 않았지만 정신은 더 생생했다. 집필을 하고, 자료와 책 속에 묻혀 하루하루 시간을 보내는 동안 몸이 점점 힘들어지고 기운이 줄어들어 갔다.

그럴 때마다 박병선은 더 조급해졌고 몸이 따라와 주지 않는 가운데에서도 열중했다. 박병선은 자신의 몸이 조금씩 시간에 점령당하고 있다는 것을 느꼈다.

어느 새 시간이 많이 지났고, 많이 수척해졌다. 움직이는 일조차 힘들어졌다.

2011년 가을, 박병선은 파리 외곽의 한 병원에서 고단한 몸을 쉬게 되었다.

'이렇게 누워 있으면 안 되는데…….'

몸져 누워서도 해야 할 일을 걱정하는 박병선을 사람들은 안타까워했다.

"이제 마음 편안하게 가지세요."

하지만 박병선의 마음은 늘 연구실이나 자신이 보던 책들 언저리를 헤매고 있었다.

'얼른 일어나서 쓰던 책을 마저 마무리해야 하는데, 파리에 한국독립운동기념관을 꼭 세워 놓아야 할 텐데……, 내가 이대로 떠나게 되면 누가 이 일을 할까? 이렇게 힘든 일에 몸과 시간을 바쳐서 마저 해낼 사람이 과연 있을까?'

시간이 흐를수록 정신이 다른 세상의 경계를 넘나들었다. 잠깐씩 정신이 돌아오면, 다시 그 생각에 빠져 들었다.

박병선은 간절한 마음으로 기도했다.

'내가 해 왔던 일을 내 손으로 마저 다할 수 없다면 누군가를 보내 주실 거죠? 조국을 위해서 우리 민족을 위해서 저 보다도 더 조국을 사랑하는 사람을 세워 주세요.'

어느덧 89세를 맞은 박병선은 자신이 살아온 기나긴 삶의 여정을 되짚어 보았다. 이어진 생각의 맨 끝자락에는 고향의 푸른 하늘이 보였다. 박병선은 두 손을 모아 자신의 가슴에 올렸다. 그리고 물었다.

'나는 잘 살아온 건가?'

대답처럼 얼굴에 따스한 웃음이 피어올랐다. 박병선은 천천히 눈을 감았다.

사랑했던 친구들이 다가와서 박병선을 꼭 안아 주었다. 그리고 자그맣고 하얀 꽃을 머리카락에 꽂아 주었다.

이병도 스승님이 다가와서 박병선의 등을 두드려 주었다. 그리고 자그맣고 하얀 꽃을 머리카락에 꽂아 주었다.

어머니와 아버지가 다가와서 박병선의 얼굴을 찬찬히 쓰다듬어 주었다. 그리고 자그맣고 하얀 꽃을 머리카락에 꽂아 주었다.

자그맣고 하얀 이 꽃은 부추 꽃이다. 박병선이 가장 좋아하는 부추 꽃 무더기가 하얗게 꽃관으로 피어났다.

박병선의 얼굴에도 부추 꽃처럼 소박하고 환한 웃음이 피어났다.

"내가 떠나게 되면 내 유골을 노르망디 바닷가에 뿌려 주세요. 그러면 물고기들과 노닐며 헤엄쳐서 멀리 멀리 흘러가겠지요.

그리고 마침내 그리운 내 나라 어느 바닷가에라도 다다르게 될 테지요. 나는 그렇게라도 영원히 조국에 있고 싶어요."

2011년 11월 23일 맑고 톡 쏘게 추운 초겨울 이른 아침. 박병선은 하늘나라로 긴 여행을 떠났다.

박병선 박사가 걸어온 길

1923년　3월 25일 서울 출생
1950년　서울대학교 사범대학 역사학과 졸업
1955년　프랑스로 유학
1962년　벨기에 Louvain대학 동양사학과 졸업
1967년~1980년　프랑스국립도서관 근무
1971년　Ecole Pratique des Hautes Etudes 박사 학위 수여
　　　　파리 7대학 역사학과 박사 학위 수여
1971년~1976년　파리 7대학 동양학부 한국어 강사
1972년　『직지』가 세계에서 가장 오래된 금속활자 인쇄본임을 고증하여 발표
1975년~1997년　College de France 왕궁 고문 교수회관 근무
1978년~1992년　외규장각 의궤를 찾고 해제하여 발표
1985년　국무총리 표창
1999년　은관문화훈장
2001년　KBS 해외동포상
2006년　국민훈장 동백장
2007년　삼성재단 비추미여성대상 특별상
2011년　국민훈장 모란장
　　　　경암학술상 특별공로상
　　　　KBS 감동대상 특별상
2011년　11월 23일 프랑스 파리에서 타계
　　　　11월 30일 국립현충원 충혼당 안장

〈 주요 저서와 논문 〉

1973년   29회 동양학자회의에서
             『한국 금속활자에 대한 연구』 논문 발표
1985년   『조선조의 의궤 – 파리 소장본과
             국내 소장본의 서지학적 비교 검토』
2002년~2006년   한국어, 영어, 스페인어, 프랑스어로 『한국의 인쇄』 출판
2006년   『프랑스 소재 한국독립운동 자료집 1』
2008년   『병인년, 프랑스가 조선을 침노하다』

글 공지희
몇 달 전 파리, 박병선 박사님 곁에 머물던 시간이 있었습니다.
지나온 이야기를 두런두런 들려 주시던 자상한 목소리가
아직도 귓가에 들리는 듯합니다.
온 시간을 통증에 시달리면서도
옛 기억에 해맑은 웃음 지으시던 아이 같은 얼굴을 잊지 못합니다.
그토록 조국을 사랑하는 마음을 일생을 다해 보여 주시고도
마저 해야 할 일 걱정으로 마음 졸이시던 열정이
지켜보던 사람들을 부끄럽게 하셨습니다.
박병선이란 이름은 영원한 등불로 우리 모두 안에 살아 비추일 겁니다.
만나 뵙는 동안 내내 행복했습니다.

2001년 대한매일 신춘문예 동화 당선
2003년 황금도깨비상 수상
지은 책으로는 『착한 발자국』 『마법의 빨간 립스틱』 『영모가 사라졌다』
『알로알로 내 짝궁 민들레』 『이 세상에는 공주가 꼭 필요하다』
『멍청이』 『백남준』 등이 있습니다.

그림 김지안
돌이켜보니 저는 어느샌가 그림을 그리는 사람이 되어 있었습니다.
그리고 앞으로도 그럴 거란 생각에는 의심이 없습니다.
저는 저의 길을 한 걸음 한 걸음 제 발로 걸어가겠다고 다짐해 봅니다.
존경하는 박병선 박사님처럼.

제1회 CJ 그림책상 일러스트레이터 선정
그린 책으로는 『별난 아빠의 이상한 집 짓기』 『페르코의 마법 물감』 등이 있습니다.
http://blog.naver.com/hinakee

사진 제공
국립중앙박물관, 서울대학교 규장각, 청주고인쇄박물관, 경향포토

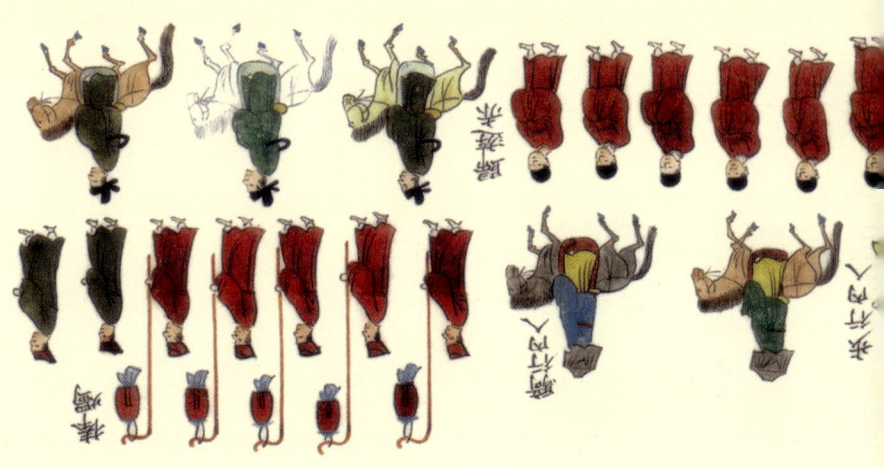